Emma Caroleo

"Il Meraviglioso Paradosso" cifra della stranierità dei cristiani

AF548992

Emma Caroleo

"Il Meraviglioso Paradosso" cifra della stranierità dei cristiani

Un percorso fra le Pagine della Sacra Scrittura e la Tradizione

Edizioni Sant'Antonio

Imprint

Any brand names and product names mentioned in this book are subject to trademark, brand or patent protection and are trademarks or registered trademarks of their respective holders. The use of brand names, product names, common names, trade names, product descriptions etc. even without a particular marking in this work is in no way to be construed to mean that such names may be regarded as unrestricted in respect of trademark and brand protection legislation and could thus be used by anyone.

Cover image: www.ingimage.com

Publisher:
Edizioni Accademiche Italiane
is a trademark of
International Book Market Service Ltd., member of OmniScriptum Publishing Group
17 Meldrum Street, Beau Bassin 71504, Mauritius

Printed at: see last page
ISBN: 978-620-2-00004-8

Copyright © Emma Caroleo
Copyright © 2017 International Book Market Service Ltd., member of OmniScriptum Publishing Group
All rights reserved. Beau Bassin 2017

L'Antico Testamento

L'Archetipo: Ruth la ‹straniera›

I.1.1. Il Metodo

Nel solco della storia della Salvezza la categoria della ‹stranierità› si arricchisce di figure ed esperienze femminili quale quella di Ruth[1] che prenderemo come Archetipo di ‹stranierità› perché siamo convinti che l'Evangelo, sia Buona Notizia per gli irregolari, per gli/ le ‹stranieri/e›[2]. Oltre al fatto per noi rilevante perchè ci riguarda da vicino che la storia ‹‹straniera›› di cui si tratta ha per protagonista una donna, laica, come noi.

Nel libro di Ruth la fondazione della categoria spirituale della ‹stranierità› avverrà attraverso:

- la lettura teologico - spirituale[3] e l'ascolto del dato scritturistico[4],
- lo studio del testo di Enzo Bianchi[5]
- la riflessione suscitata da due autori[6] vicini ad Enzo Bianchi e da lui citati.

I. 1.2. La ‹stranierità› nel tessuto narrativo del libro di Ruth

Il libro di Ruth sarà letto all'interno dei cinque rotoli, *meghillot*[7] ‹‹beneficiando del discernimento delle tradizioni della lettura ebraica››.

Secondo tale lettura, i cinque rotoli indicano al credente quale sia il criterio per discernere la propria appartenenza al Signore, essi chiedono con insistenza al credente dove abita, e da chi è lontano o a chi è vicino[8], poiché si vive in condizione di esilio rispetto a Dio e dalla sua parola. Nella Bibbia ebraica, la storia di Ruth si trova fra i *ketubim* e all' interno dei *megillot* che sono letti durante cinque importanti festività, così, per esempio il libro di Ruth è proclamato nelle sinagoghe ogni anno, il giorno di Pentecoste.

---

[1] E. BIANCHI, *Lontano da chi?Lontano da dove?Introduzione e Commento ai cinque volumi biblici: Cantico dei Cantici, Ruth, Lamentazioni, Qohelet, Ester,* Piero Gribaudi Editore, Torino 1977

[2] E. BIANCHI, *Amici del Signore*, Piero Gribaudi Editore 1990, p.99

[3] E. BIANCHI, *La lettura spirituale della Bibbia*,

[4] BIBBIA EBRAICA INTERLINEARE, *Cinque Megillot. Rut, Cantico dei Cantici, Qohelet, Lamentazioni, Ester*. Ebraico, Greco, Latino, Italiano, Edizioni San Paolo, Milano 1991, pp.2 - 25

[5] E. BIANCHI, ‹‹Ruth›› in *Lontano da chi?Lontano da dove?Introduzione e Commento ai cinque volumi biblici: Cantico dei Cantici, Ruth, Lamentazioni, Qohelet, Ester,* Piero Gribaudi Editore, Torino 1977, pp.79 - 102

[6] J. KRISTEVA ‹‹Rut la moabita›› in *Stranieri a se stessi*, Feltrinelli editore, Milano 1990, pp.65-71; P. DE BENEDETTI, ‹‹Il Dio di Rut›› in *La chiamata di Samuele e altre letture bibliche*, Morcelliana, Brescia 1976, pp.64 - 67

[7] E. BIANCHI, *Ibidem*, p.17

[8] E. BIANCHI, *Ibidem*, p.11

Gli studiosi che fanno risalire la composizione del libro di Ruth al periodo pre-esilico[9], malgrado la sua vicenda sia ambientata al tempo dei Giudici cioè al periodo successivo della conquista della terra, promessa ma non regalata.

Il libro di Ruth si svolge interamente all'aria aperta, è formato da quattro capitoli[10] con 85 versetti in tutto. Nell'originale ebraico ci sono 1286 parole, 4800 lettere.

La lettura che approcciamo al libro di Ruth seguirà il suo verso, il percorso della sua storia che abbiamo ragione di credere sia sottosopra, paradossale, forse straniero a ciò che la ‹‹gente ragionevole, impegnata, esperti esegeti››[11] possano comprendere e valutare poiché segue il criterio della vicinanza e/o lontananza dall'Amore di Dio: ‹‹Ruth giunge vicino a Dio senza saperlo perché ha avuto la forza di lasciare la sua terra moabita senza sentire di andare lontano››[12].

I. 1.3. Ruth la moabita ‹straniera› rispetto alla terra: la legge che regolava i rapporti con i moabiti (Rt 1,1-22).

Nel libro si definisce più volte Ruth come la Moabita[13]. L'accento posto con insistenza sull'origine moabita di Ruth non è indifferente poiché i rapporti fra il popolo di Israele e i moabiti non erano proprio cordiali[14]. In più durante le missioni di

---

[9] Il libro di Rut non fa parte della storia deuteronomistica, esso presenta una diversa posizione all'interno della Bibbia ebraica e nelle traduzioni dei LXX e della Vulgata. Nel canone ebraico Ruth si trova nella terza parte fra gli scritti; e più precisamente è il primo dei cinque rotoli *megillot*. I LXX e la Vulgata, invece, pongono il libro di Ruth subito dopo i Giudici. Data questa posizione, come, pure le parole iniziali ‹‹al tempo in cui governavano i Giudici›› Ma è possibile che la redazione finale nella sua forma attuale sia avvenuta dopo il periodo dell'esilio. Il libro appare come una protesta contro l'integralismo della restaurazione. Secondo la prospettiva avanzata da Enzo Bianchi il libro di Ruth ha diverse valenze. 1) salvare l'universalismo della salvezza predicata dai profeti, poiché Dio non disdegna l'omaggio di una straniera; 2) edificare i credenti mostrando loro come il giusto riceve compenso di quanto patisce. C'è un Dio che sta dalla parte del povero e del sofferente anche se straniero; 3) stabilire la genealogia del re Davide in E. BIANCHI, *Ibidem*, pp.81-82

[10] Il libro di Ruth si divide in quattro capitoli che corrispondono a cinque scene:
Cap. 1,1 - 5 presenta le *dramatis personae* ed espone l'antefatto cioè la carestia ed il trasferimento in terra straniera.
Cap. 1,6 - 22: ritorno in patria di Noemi con Rut.
Cap. 2: spigolatura ed incontro sul campo di Booz.
Cap. 3: Incontro sull'aia di Booz;
Cap.4: riscatto, matrimonio, nascita del figlio. La narrazione è concentrata, non si diffonde in forme analitiche e raffinate; domina il dialogo parlato sull'azione, lo stile è molto sobrio.

[11] E. BIANCHI, *Ibidem*, p.18

[12] E. BIANCHI, *Ibidem*, p.21

[13] Difatti nel libro di Ruth la qualificazione la Moabita accanto a Ruth compare in :1,22; 2,2; 2,6; 2,21; 4,5; 4,10.

[14] Tra i vari popoli che riuscirono a prevalere sul popolo di Israele ci furono i Moabiti, residenti ad oriente del Giordano. Ma il loro dominio sarà spezzato da un attentato. Eud della stirpe di Beniamino riuscirà a uccidere il re di Moab. E riuscirà anche a scappare e a chiamare all'insurrezione. Nella rivolta cadono diecimila moabiti ai guadi del Giordano.

Esdra e Nehemia (445-398) a Gerusalemme vi era il timore di una perdita di identità in mezzo alle nazioni pagane dovuto al mescolamento delle razze e soprattutto al matrimonio di giudei con donne straniere[15], la legge era molto chiara a tal proposito:

> Tu non ti imparenterai con esse, non darai la tua figlia ai loro figli e non prenderai le loro figlie come mogli ai tuoi figli perché allontanerebbero i tuoi figli da me per farli servire a dei stranieri›› (Dt.7,3)

e la Torah specificava duramente come ‹‹l'ammonita e il moabita non entreranno nella comunità del Signore: nessuno dei loro discendenti nemmeno alla decima generazione››(Dt.23,4)[16].

Eppure Ruth la moabita diverrà la matriarca del regno ebraico, paradossalmente antenata del Re Davide. La ‹straniera›, la moabita Ruth rovescia le sorti, e pone sottosopra una condizione condannabile in modo tale da tramutarla in un compimento.

Il primo capitolo del libro di Ruth la Moabita narra che un abitante di Betlemme, Elimelek[17] emigra in cerca di pane[18]. Il tema dello straniero si inserisce sin dal principio nella storia di Ruth, poiché questo uomo venerabile dalla Giudea osa[19] stabilirsi a Moab.

In qualsiasi caso Elimelek muore, così come i suoi due figli, Maclon e Chilion e non lasciano eredi. Restano la moglie Noemi, e le due nuore, Orpah e Ruth. Noemi viene a sapere che ‹‹il Signore ha visitato il suo popolo›› (Rt 1,6) e decide di tornare a Betlemme e si congeda dalle due nuore, invitandole a restare a Moab, presso le loro famiglie, nella loro terra di origine.

Nella sua saggezza Noemi comprende che il viaggio verso Betlemme per lei ha un significato inverso rispetto a ciò che avrebbe potuto significare per le due nuore.

Per Noemi (la diletta)[20] sarebbe stato un rifugio, per Ruth (l'amica) e Orpah (colei che volge la nuca) un viaggio verso l'esilio e la ‹stranierità› accertata[21]. Ma se Orpah

---

[15] E. BIANCHI, *Ibidem*, p.80

[16] La condanna appare perpetua per l'inospitalità di quei popoli verso gli ebrei e anche perché Moab e Ammon sono figli di Lot nipote di Abramo (Gen 19,38), figli di un incesto.

[17] Il Ruth Rabba interpreta il nome di Elimelek come ‹‹io sono re››: per il suo orgoglio incontra la sventura. Maclon e Chilion signficano ‹‹Malattia e Dissoluzione›› E. BIANCHI, *Ibidem*, p.88.

[18] Sembra che gli uomini di Dio passino attraverso questo emigrare e apprendano a mendicare e a sentirsi stranieri e pellegrini sotto la protezione di Dio solo E. BIANCHI, *Ibidem*, p. 87. La prima volta procura esilio ad Abramo (Gen 12,10); la seconda colpisce Isacco (Gen 26,1); la terza colpisce tutta la terra e sarà governata dall'Egitto tramite Giuseppe (Gen 41,54)

[19] Abbiamo utilizzato il verbo ‹‹osare›› perchè anche se l'abbandonare la terra per sfuggire alla carestia non è una cosa rara all'interno dellla Bibbia (Giuseppe e la sua famiglia si recano a Gosen Gen 47,27, e una vedova si reca nel territorio dei Filistei seguendo il consiglio di Elia , 2 Re 8, recarsi nella terra di Moab e stabilire la propria dimora in mezzo a quel popolo è una cosa inaspettata, vista la proibizione di Dt 23,4

[20] Noemi il nome significa ‹‹piacevole, gentile, diletta›› secondo il midrash, così come Ruth significa ‹‹amica›› fino alla fine e Orpah da oreph, nuca ‹‹colei che volge la testa›› in J. KRISTEVA, *Stranieri a se stessi*, Feltrinelli editore, Milano 1990, p.67.

bacia la suocera e torna dalla mamma e alla religione del suo popolo moabita, Ruth insiste per accompagnare Noemi a Betlemme:

> Non insistere con me. Dove tu andrai io andrò; dove tu ti fermerai io mi fermerò. Il tuo popolo sarà il mio popolo ed il tuo Dio sarà il mio Dio, dove tu morrai, morrò anche io, e là voglio essere sepolta. Mi punisca Iddio, se altra cosa, all'infuori della morte, mi potrà separare da te (Rt 1,16-17).

Dai discorsi di Ruth esala una fedeltà passionale fra le due donne[22] più che una immediata adesione al Dio di Israele. Enzo Bianchi afferma come Ruth rinunci a tutto, alla casa di sua madre, alla terra moabita, ai suoi dei, solo per amore di una creatura, ed in una prospettiva di povertà e di fame: ‹‹una follia d'amore››[23]. In tal senso Ruth agisce per forza viscerale di attaccamento che non ha bisogno di una chiamata divina[24] così necessaria per far muovere il genere umano maschile.

Difatti, nella ferma decisione di Ruth riecheggiano le parole di Abramo, e come lui si mette in cammino e per amore della suocera ‹‹rinuncia all'unica protezione che le rimaneva e che avrebbe trovato restando fra i moabiti, nel suo popolo››[25].

Ruth si assume delle responsabilità pur nelle avversità, ma lei va avanti con perseveranza. La storia di Ruth tratta di una condivisione laica tutta al femminile[26], che fa muovere in autonomia e libertà e supera le identità di appartenenza. ‹‹così Noemi e Ruth, la diletta e l'amica, tornano a Betlemme, destando l'interesse di tutta la città››[27]

I.1.4. Ruth la vedova, ‹straniera› rispetto alla comunità: le leggi a protezione dei poveri (Rt 2,1-23)

Ma se il primo atto di una migrazione è l'abbandono della propria terra, della propria patria, il secondo è diventare stranieri nella comunità dove si arriva, esperienza espressa nel libro di Ruth dal verbo *gwr*[28]. Iniziatosi a Moab, il ritorno

---

[21] P. DE BENEDETTI, *La chiamata di Samuele e altre letture bibliche*, Morcelliana, Brescia 1976, p.64

[22] J. KRISTEVA, *Ibidem*, p.67

[23] E. BIANCHI, *Ibidem,* p.88

[24] Di fronte all'ostinazione di Ruth, Noemi cessa di parlare, nel testo non vi è nessun cenno di ringraziamento o segno di apprezzamento per la nuora (Rt 1,18.)

[25] E. BIANCHI, *Ibidem*, p.84

[26] Ad accentuazione di quanto affermato Enzo Bianchi riferisce come quasi tutti i verbi utilizzati nel libro di Ruth siano al femminile. E. BIANCHI, *Ibidem*, p.79

[27] E. BIANCHI, *Ibidem*, p.89

[28] La condizione del *gher* cioè della migrante/residente che aspetta Ruth nel paese di Noemi è una cittadinanza di secondo ordine, essa diviene stranieri rispetto alla comunità. Ieri come oggi il/la migrante/residente e quindi straniero è utilizzato per i lavori pesanti (Dt 29,10); anzi il migrante/ residente e quindi straniero può essere comprato come schiavo (Lv 25,45). Talvolta è trattato con disinvoltura (Dt 14,21), oppure con disprezzo, è nominato dopo il bestiame (Es 20,10). Ruth, come tutti i migranti/ stranieri, sarà sottomessa alle leggi d'Israele. Certo Ruth la straniera era in grado di condividere con il popolo di Dio l'esperienza di gente sradicata, obbligata a vivere con altri costumi, a farsi accettare come diversa e a correre il rischio di non farsi comprendere

raggiunge il suo obiettivo con l'arrivo di Noemi e Ruth a Betlemme. Betlemme significa casa del Pane, e tutta la storia è inglobata intorno a questo nodo geografico, Davide e Gesù sono i suoi giganteschi concittadini. Le due donne vi giungono all'inizio della mietitura dell'orzo (Rt 1,22). E' il tempo dell'abbondanza, il pane è una sicurezza per tutti. In questo frammento della storia, la ‹stranierità› di Ruth s'innesta nella comunità del popolo di Israele. Il suo nome è sempre accompagnato e riconosciuto accanto alla qualificazione la moabita. Più che di qualificazione si può parlare di una vera condizione che Ruth sente e vive come propria e che la fa arretrare dinanzi qualsiasi diritto. Non a caso non chiede per sé un posto alla tavola dei figli di Israele, né pretende di partecipare alla mietitura, perché conosce la marginalità della sua situazione: sa di essere schiava e vive spigolando dietro i lavoratori della campagna di un parente di Elimelek, Booz[29] (Il Signore è forte).

La sua dignitosa umiltà si adegua allo statuto di ‹straniera› moabita ma anche di vedova[30]. Difatti Ruth non solo si presenta alla comunità del popolo di Israele come moabita ma anche come vedova, la sua ‹stranierità› subisce un'impennata e si radicalizza in un mondo maschile di potere e di diritto[31].

Ma Dio rende giustizia all'orfano ed alla vedova e ama il forestiero*(gr)* e gli dona pane e vestito (Dt 10,18-19), e ama l'amore di Ruth al punto da ricambiare la scelta dell'umile ‹straniera› moabita e vedova con la scelta di farla divenire antenata di Davide, e quindi del futuro Messia[32]. In tal senso appena giunta a Betlemme Ruth è partecipe di un episodio di ‹‹redenzione››. Si tratta della procedura giuridica per riscattare le proprietà del marito defunto e dargli una posterità legale, affinché l'albero della casa di Israele cresca in ogni suo ramo nel futuro fino ai giorni del Messia. Questo l'ambiente della vita di Ruth, la moabita, che ben sapeva di essere considerata ‹straniera› alla comunità del popolo di Israele e che come tale si comportava[33] quando Booz le rivolge parole di riguardo.

> Ascolta figlia mia non andare a spigolare in un altro campo e non allontanarti da qui, ma segui il passo dei miei servitori. Osserva qual è il campo dove mietono e mettiti dietro di loro. Ecco io ordino ai miei servi di non disturbarti [...] Allora Ruth si prostrò con la faccia a terra e gli disse: "Come mai ho trovato tanta grazia ai tuoi occhi da interessarti a me che sono una ‹straniera›" (Rt 2,14).

---

29 Probabilmente si tratta del figlio del fratello di Elimelek, cugino del defunto marito di Ruth. In quell'epoca gli ebrei consideravano un obbligo morale dare una discendenza alla vedova, anche se il compito non poteva essere assolto come esigerebbe a rigor di termini di legge dal fratello del defunto.

30 E. BIANCHI, *Ibidem*, pp.90-91

31 J. A SOGGIN, *Introduzione all'Antico Testamento. Dalle origini alla chiusura del canone alessandrino,* Paideia, Brescia 1987, p.154.

32 ‹‹Dio è umile. Non gli importa di essere amato o forse neppure conosciuto direttamente, nella storia di Ruth Dio ha voluto annunciare una promessa per tutti quelli che sono stranieri›› P. DE BENEDETTI, *Ibidem*, p. 66.

33 R.MARTIN-ACHARD, *Dimorare come forestiero*, in E. JENNI-C. WESTERMANN, *Dizionario Teologico dell'Antico Testamento,* Vol. 1, Marietti editore, Torino, 1978, 355-358,

Ruth parla di sé con il termine ambiguo *nkryh*[34], ‹straniera›, parola negativa che indica una donna anche di cattiva reputazione. Booz consola la vedova segnando qui un'altra tappa al contrario, è un altro frammento della storia di Ruth da leggere sottosopra.

Scocca l'ora della risposta di Dio alla ‹straniera› per bocca di Booz,[35] il quale non solo le riferisce ciò che ha sentito sul suo conto delle scelte compiute a favore della suocera per la quale ‹‹Hai lasciato tuo padre e tua madre, la tua patria››(Rt 2,11), ma le esprime il suo senso di accoglienza e di comprensione benedicendola e augurandole la ricompensa da parte di Dio ‹‹Ti ricompensi il Signore per quanto hai fatto, e il tuo salario sia pieno presso il Signore Dio d'Israele sotto le cui ali sei venuta a rifugiarti›› (Rt 2,12)[36].

Ruth apprende da Booz a quale grado di profonda intimità con il Signore lei abbia avuto accesso ‹‹da essere coperta dalle Sue ali››[37].

La ‹straniera›, moabita, vedova, ha trovato il suo spazio di possibilità nella forza dell'amore del Dio d'Israele e Booz le annuncia la sua prossimità a Dio[38].

L'amore preferenziale di Dio per la vedova, per la ‹straniera›, per gli irregolari della terra, è filtrato nella storia del libro di Ruth, dall'amore dell'altro. L'agire di Dio pone gesti a favore dell'altro dimenticato poiché Egli è il ‹‹Dio che protegge la vedova e lo straniero, che non si addormenta e non sonnecchia›› (Sal. 146,9; 121,4).

Così gli attori della storia sono veicolo di amore che salva gli uni per gli altri: lo è Ruth per Noemi, Noemi per Ruth, Booz per Ruth e Noemi, Obed per tutti. In Booz trovano espressione e sostanza l'amore di Dio per la vedova e la ‹straniera›. Seppur egli sia descritto come ‹‹uomo potente e ricco›› (Rt 2,1) non si esita a definirlo ‹‹uomo pieno di fede›› (Rt 2,12) poiché in lui e attraverso di lui si renderà esplicita la cura di Dio per la creatura dimenticata.

Al momento del pranzo[39] Ruth è invitata a condividere il grano abbrustolito e a intingere il pane nell'aceto con i mietitori, è una piccola festa: Ruth partecipa in

---

[34] Tale termine può avere anche connotazioni di immoralità come in Pr 2,16, dove straniera indica la donna dissoluta. Ruth si prosterna fino a terra ‹‹cadde sul suo volto›› e testualmente afferma: ‹‹per quale causa ho trovato grazia nei tuoi occhi per farmi riconoscere e io sono straniera?›› Ruth sottolinea la sua condizione di ultima fra gli ultimi. E cadere sul volto è un piombare per terra, non un inginocchiarsi, è frutto di una emozione solenne E. DE LUCA, *Ibidem,* p. 38

[35] E. BIANCHI, *Ibidem*, p.91

[36] Abbandonare padre e madre è la legge naturale che Dio impone ad Adamo ed Eva (Gen 2,24). Ma il gesto straordinario, a rovescio e che indica la stranierità del fatto è che Ruth come donna lascia i genitori e la sua terra quando non c'è più la ragione del marito La sua partenza da Moab, comporta una follia perché cancella origine, genitori e nascita per una adesione totale al popolo e al Dio fino ad allora sconosciuti

[37] E. BIANCHI, *Ibidem*, p.92

[38] In realtà il Dio che viene incontro è sempre il Dio non mio ma degli altri: è quello che consegna me agli altri e che affida loro a me. P. DE BENEDETTI, *Ibidem,* p.65

silenzio, con compostezza, saziandosene e lasciandone d'avanzo per Noemi che l'attende a casa (Rt 2,14).

Da ‹straniera›, Ruth la moabita vedova e povera, ha trovato la convivialità presso il ricco Booz diventato perfino il suo protettore: ‹‹lasciatela raccogliere le spighe che vuole e non rimproveratela. Anzi lasciate cadere apposta delle spighe›› (Rt 2,15).

Con questa scena l'episodio sembra chiuso, ma non nel libro di Ruth che sorprende e crea paesaggi e situazioni paradossali e stranieri. Poiché proprio da questo momento comincia l'azione concertata dalle due donne.

Noemi interroga due volte Ruth: una sul raccolto racimolato e una su dove ha trascorso il giorno perché ha riportato a casa anche del cibo per lei. Rt 2,19). E Ruth racconta tutto lo svolgimento della giornata, Noemi ora sa il nome del benefattore, ed essa.

Prorompe in un canto di gioia e benedice il Signore, il Signore Dio non ha rinunciato al suo *hesed* verso i vivi e verso i morti. Anche le sorti di Noemi sono cambiate. ‹‹Quest'uomo è uno dei nostri liberatori, uno dei nostri *goel*›› (Rt 2,20.)[40]

Noemi parla dei giorni futuri, perché il raccolto sarà lungo e Ruth dovrà badare alla sua reputazione, e ‹‹Ruth stette con sua suocera›› (Rt 2,23). Ruth adotta e fa propri in piena libertà i valori tradizionali del popolo di Israele che vive nei rapporti con la suocera.

La situazione di Ruth è archetipo e promessa per tanti irregolari che hanno un amore per una creatura al punto di scegliere il Dio della creatura amata[41].Lei diviene ‹straniera› a se stessa e inizia un processo di riconoscimento di sé nella grammatica dell'alterità.

I.1.5. Ruth la donna ‹straniera› rispetto al genere: le regole grammaticali dell'alterità (Rt 3, 1 – 18)

Il riconoscimento dell'altro come diverso da sé occupa il terzo capitolo del libro di Ruth che prende il suo avvio là dove sembrerebbe finire: la mietitura era terminata e non c'era più nulla da spigolare nel campo. La preoccupazione principale era che Ruth rimasta in casa con la suocera non avesse più futuro eppure la storia prosegue come storia di provvidenza all'interno del solco già tracciato nella libertà laica e ferma della Moabita, che si rivela duttile nei confronti della suocera ed ausiliaria del suo desiderio[42].

---

[39] E' un'altra scena, non il seguito della conversazione precedente. E' il punto del giorno che sta fra il culmine del sole in cielo e la fatica dei lavoranti. E' ora di rifocillarsi Booz si avvicina e la invita alla mensa comune.

[40] E. BIANCHI, *Ibidem,* p.93

[41] E. BIANCHI, *Ibidem,* p.86

[42] J. KRISTEVA, *Ibidem,* p.68

L'incontro Ruth e Booz si modula su due momenti in cui si palesano un 'prima' ed un 'dopo'. Nel 'prima', si assiste all'atteggiamento umile di Ruth, la ‹straniera›, ospite dinnanzi all'ospitante; nel 'dopo' saranno protagoniste l'audacia e l'ardire femminile.

L'inizio di questo processo dinamico si crea nella casualità dell'incontro fra i due, in cui Ruth accetta la situazione di povera, vedova, ‹straniera› ridotta a spigolare l'orzo con umiltà nei campi altrui. Nel proseguo Noemi interviene per dare una spinta alla provvidenza, dimodochè si possa indurre Booz a compiere ciò che la legge di Dio esige da lui, cioè la legge del riscatto.

Tutte le istruzioni che Noemi impartisce alla giovane nuora sono espresse e compresse in una precipitosa valanga di verbi che immaginiamo corrispondano alla preoccupazione e all'urgenza di ciò che le stava nel cuore[43]. Al termine del suo discorso Noemi prevede quale potrebbe essere il comportamento di Booz al quale una volta scoperti i piedi da parte di Ruth si ricorderà che il tempo del riscatto è arrivato e agirà come fratello di Maclon, marito defunto di Ruth. E ‹‹Ruth le (a Noemi) disse: Farò tutto quello che mi hai detto›› (Rt 3,5).

Così Ruth seguendo i suggerimenti sapienti della suocera si lava, si profuma, e avvolta dal velo[44], si mette ai piedi di Booz mentre dorme sui mucchi di orzo nell'aia (Rt 3,7). Durante la notte avverranno l'incontro e in seguito il riconoscimento.

L'incontro avviene fra un uomo e una donna: ‹‹Avvenne che a mezzanotte l'uomo si riscosse e guardò in giro ed ecco una donna giaceva ai suoi piedi›› (Rt 3,8).
Non sono menzionati i nomi di Booz e Ruth ma ci sono un'obbedienza e un'accettazione.

Poi avviene il riconoscimento dell'altro: ‹‹Chi sei tu[45]? Io sono Ruth tua serva e hai steso la tua ala[46] sopra la tua serva perché riscattatore sei tu›› (Rt 3,9).
Booz non può far altro che esclamare: ‹‹sii benedetta dal Signore figlia mia, il tuo secondo atto di pietà è migliore del primo perché non sei andata in cerca di uomini giovani poveri o ricchi che fossero›› (Rt 3,10).
Ruth non chiede un favore, ma si appella al diritto conferitole dalla legge, ‹‹mostrandosi così coscientemente innestata nell'economia della fedeltà››[47].

---

[43] Sono otto i verbi e le corrispondenti azioni che Ruth dovrà compiere nel verso 3,3 e nove nel verso 3,4

[44] Ruth diventa attraente come una sposa che va incontro al suo sposo: è la sposa del Cantico dei Cantici che da anNERIta si fa chiara e bella (Ct 1,5 e 3,6), la sposa descritta da Ezechiele che si profuma, si veste di ricami di bisso e di seta (Ez 16,9) e la sposa che si prepara e si fa bella per le nozze finali (Apoc 19,7) E. BIANCHI, *Ibidem,* p.93

[45] Booz sa che si tratta di una donna poichè il pronome utilizzato è al femminile.

[46] Booz accetta di diventare suo protettore e suo sposo. La protezione delle ali di IHWH sotto cui era venuta rifugiarsi hanno una realtà sacramentale. Il mantello di Booz E. BIANCHI, *Ibidem,* p. 94

C'è una crescita della coscienza e dell'autostima di Ruth confrontandole al suo ‹‹prima››; così come si nota una dilatazione della prospettiva della sua fedeltà. Difatti, inizialmente, per fedeltà Ruth rinuncia al padre, alla madre e alla terra moabita diventando migrante e quindi ‹straniera› pur di stare con Noemi.

In seguito Ruth la moabita si offre al liberatore perché la sua famiglia potesse prolungarsi fin al giorno della venuta del Messia quando sarebbero state redente le famiglie di Israele[48].

Ruth si dimentica la sua provenienza, la sua ‹stranierità› e chiede redenzione, accetta di sposare Booz perché la famiglia di Noemi non si estingua per mancanza di un erede. La scelta della donna è stata determinata a favore della poveri, della vedova, e della comunità.

La generosità di Booz cresce con la radicalità della sua scelta. La prima volta ‹‹il potente e valoroso Booz›› aveva offerto a Ruth ciò di cui disponeva in abbondanza chiedendo a Dio di renderle il doppio; ora egli riconoscendo in lei la ‹‹donna di gran valore›› (Rt 3,11) dona se stesso e le dice ‹‹farò ciò che mi stai dicendo›› (Rt 3,11). Booz s'impegna a soddisfare la parola e il desiderio di una ‹straniera› riconoscendo in lei il suo ‹‹omologo, l'aiuto che le è simile›› (Gen 2,18).
Il grande s'impegna a eseguire il piano concepito dai piccoli o meglio dalle piccole, dove il grande risulta un utensile.

Anche in questo tratto si può notare l'accento paradossale ed il consueto andamento sottosopra a cui ci ha abituato Ruth e la sua storia. Booz accetta di esercitare il suo diritto come *goel*, accetta di compiere il riscatto riconoscendo in Ruth la sua bontà, la sua fedeltà , la sua *hesed*.
L'Amore di Dio si riconosce nell'amore di Booz per la vedova moabita, la moabita si ritrova beneficata da Booz ed entra a far parte di quel popolo che aveva scelto per seguire Noemi, e si trova redenta da quel Dio che non conosceva ma che per contagio ne aveva seguito le tracce.

Forse possiamo considerare che la sposa Ruth, *ezer* di Booz secondo Gen 2,18 è chiamata a veicolare il soccorso di Dio per il suo sposo; e viceversa lo sposo Booz, il *goel*, veicola per la sposa lo stesso soccorso divino. Si vengono reciprocamente in aiuto, ciascuno riconoscendo la propria alterità, in un rapporto che nella diversità li rende ‹‹simili›› su di un piano salvifico di fedeltà:

---

[47] E. BIANCHI, *Ibidem*, p. 93
[48] E. BIANCHI, *Ibidem*, p. 93

> Con l'altro si può comunicare solo se si rinuncia a volerlo assorbire. Non è possibile conoscersi o riconoscersi senza un a faccia a faccia. Lo straniero provoca il riconoscimento. Lo straniero inizia quando sorge la coscienza della mia differenza[49].

L'incontro con l'alterità diviene il vettore per la salvezza, esso si svela come l'inserzione di Dio nella storia[50].

Booz si ricorda che esiste un parente più stretto di lui che ha un diritto superiore al suo. Se quello non vorrà, Booz eserciterà il proprio diritto (Rt 3,12-13).

I.1.6. Ruth la ‹stranierità› accolta: le regole dell'Amore (Rt 4,1-22)

Il capitolo quarto descrive la procedura legale del matrimonio fra Ruth e Booz, preceduto dalla rinuncia del primo riscattatore. Difatti nella solidarietà israelitica, la legge del levirato o del riscatto imponeva alla vedova il dovere di far nascere un figlio al marito morto senza discendenti. Essa perciò diveniva moglie del fratello del marito o del parente più stretto[51].

Booz poteva assolvere questo dovere ma prima di lui esso spettava a un altro parente di Noemi.

La scena si svolge alla porta della città, cioè nel punto di massimo traffico, dove gli uomini s'incontravano per trattare i loro affari. La procedura richiede la presenza di dieci uomini fra gli anziani della città. Booz si siede lì e attende di incontrarlo, volendo così applicare la legge e cedendo Ruth a chi era il suo parente più stretto (Rt 4,1). Il riscattatore ritira la sua offerta: non vuole sposare la Moabita. Difatti sposare donne moabite, non era permesso: ‹‹non verrà Ammonita o Moabita›› (Dt 23,4) Booz, prende il popolo di Dio a testimone e poi sposa Ruth: ‹‹Booz prese dunque Ruth, si unì a lei e il Signore fece sì che concepisse e avesse un figlio (Rt 4,13)[52]. ‹‹Così Booz riscatta la proprietà di Elimelek, riscatta la terra, riscatta la vedova, mostrandosi il *goel*››[53]

La singolarità del destino di Ruth, un destino prima tanto disperato nel lutto, nell'esilio, nella povertà, nella separazione dai cari, adesso trasformato in felicità: la vedova è la sposa promessa alle nozze, la ‹straniera› diventa concittadina, la moabita entra a far parte di quel popolo che aveva scelto per amore di Noemi, Ruth si ritrova beneficata e redenta da quel Dio che non conosceva, si trova inserita tra le progenitrici del Messia Dio d'Israele[54].

---

[49] J. KRISTEVA, *Ibidem*, p. 9

[50] ‹‹in realtà il Dio che viene incontro è sempre il dio non mio, ma degli altri: è quello che consegna me agli altri e che affida loro a me: è il Dio che nasce dentro gli altri›› P. DE BENEDETTI, *Ibidem*, p. 65

[51] E. BIANCHI, *Ibidem*, p.95

[52] Non è un matrimonio secondo la vera legge del levirato. Booz prese Ruth e fece celebrare il matrimonio, cerimonia che non si imponeva, perchè, secondo il levirato la vedova è normalmente destinata al parente più prossimo. J. KRISTEVA, *Ibidem*, p.69

[53] E. BIANCHI, *Ibidem*, p.96

[54] E. BIANCHI, *Ibidem*, p.96

Ma c'è anche una singolarità inspiegabile delle vie del Signore che fa impoverire ed arricchire, che abbassa ed esalta. Dio ha visto, ha guardato, Dio ha visitato questi suoi poveri, Dio stesso è *goel*. Booz è l'uomo che nella sua età matura, colpito dall'amore dolce di Ruth, diventa segno della presenza di Dio per le due vedove[55].

Secondo la lettura di Enzo Bianchi fra le pieghe della storia di Ruth non manca mai l'amore, la *hesed* di Dio è testimoniata lungo tutti gli 85 versetti.

L'Amore che si innesta nell'amore, che richiede amore che a sua volta risponde all'Amore. Booz e Ruth testimoni accoglienti della reciproca alterità rendono altresì testimonianza dell'amorevole fedeltà di Dio per la sua creatura prediletta, attraverso i loro gesti, le loro azioni, la cura vicendevole che si recano l'uno con l'altra.

Il nome di Ruth non è più menzionato, ma essa ha una longevità eccezionale. Suo figlio, la cui nascita è stata favorita dal desiderio di Noemi, esso è legalmente suo figlio. Il nome del bambino è Obed (in ebraico colui che serve), un servo di Dio: costui sarà il padre di Jesse, padre di Davide.

Il vangelo di Matteo esordisce con un elenco di nomi. E l'inizio del Nuovo Testamento che non parte da zero, da Gesù in poi, ma sente il bisogno di nominare le generazioni a lui precedenti. Esse incrociano Davide, antenato obbligatorio per ebrei, cristiani, del messia. Il Messia ha fra le sue antenate una ‹straniera›, una Moabita e anche altre donne che sono peccatrici, adultere e prostitute[56].

Il posto della ‹stranierità› non è eccezionale in questa linea di discendenza eletta. Il libro e la storia di Ruth poggia e presuppone una concezione della sovranità che poggia sul respinto, sull'indegno.

La relazione divina richiede uno scarto, un'alterità e una ‹stranierità› radicale come richiamo e invito a considerare la fertilità e la fecondità e l'originalità dell'altro/a. e questo è il ruolo della storia e del libro di Ruth: la vedova, la migrante, la ‹straniera›.

Se Davide è anche Ruth, se il sovrano è anche la moabita, allora non avrà in sorte la tranquillità ma una ricerca permanente per l'accoglienza e il superamento dell'altro in sé [57].

I.1.7 Ruth: L'Archetipo della ‹stranierità›

L'approfondimento del libro di Ruth ci ha dato la possibilità di iniziare a fondare sul dato scritturistico (Antico Testamento) la categoria della ‹stranierità›

Fra questi cinque punti almeno i primi due [58] sono stati da noi ritrovati e quindi fondati ed argomentati nella storia di Ruth che abbiamo preso come archetipo della

---

[55] E. BIANCHI, *Ibidem,* p.96

[56] E. BIANCHI, *Ibidem,* p.97

[57] J. KRISTEVA, *Ibidem*, pp.70 - 71

[58] 1. La stranierità come condizione umana, che significa vivere la provvisorietà e la transitorietà degli assetti culturali senza che nessuno si senta il padrone di casa. 2. La stranierità come grammatica dell'alterità.

‹stranierità›. Poiché nella sua figura abbiamo ritrovato una somma di fattori e variabili che l'hanno resa l'Archetipo della ‹stranierità›.

Fra i fattori si possono enunciare il suo essere donna, laica, vedova, migrante, povera, moabita. Insomma è l'altra per eccellenza.

Ma Ruth occupa il luogo della differenza anche in un intreccio di variabili: volutamente si rende esiliata, migrante, divenendo così ‹straniera› a sua madre e alla sua terra moabita per proseguire la sua corsa verso un altrove assolutamente sconosciuto con l'unica certezza di un attaccamento verso un'altra donna che certo le dava identità, ma come lei era donna e vedova ed anziana!

Ruth prova un sentimento di gratitudine verso chi l'ha accolta ma in lei si annida una distanza, nei confronti di chi la ospita. Non a caso ella non chiede per sé un posto alla tavola dei figli di Israele, né pretende di partecipare alla mietitura, poiché conosce la marginalità della sua situazione come ospite. La sua dignità incarna lo statuto di donna, vedova, ‹straniera›.

La vita di Ruth è una vita fatta di prove, una vita in cui gli atti sono eventi in quanto implicano delle scelte, sorprese, rotture, adattamenti o astuzie, ma nessuna consuetudine, nessun riposo.

In lei e con lei si vive la transitorietà degli assetti culturali in cui nessuno è padrone di casa, ma lei da ospitata diviene ospitante addirittura progenitrice del Messia. Ruth che doveva essere esclusa fino alla decima generazione dal popolo santo, entra a far parte dell'assemblea santa, della casa di Giuda regale e messianica ed ha un posto anche nella genealogia di Gesù:

> Salomon generò Booz, Booz generò Obed da Ruth;Obed Generò Iesse Iesse generò il re Davide; Giacobbe generò Giuseppe, lo sposo di Maria, dalla quale è nato Gesù il Messia (Mt1 1,5 – 6)

Chi è dunque invitato alle nozze? Tutti anche gli stranieri. Teodoreto di Ciro inizia il suo commento a questo libro della Bibbia chiedendosi: ‹‹Per chi è stato composto questo libro? Innanzitutto per il Messia, per Cristo Signore›› [59]

---

[59] Teodoreto il Ciro, PG 80,518

II. Il Nuovo Testamento

Il Sigillo: La Croce sigillo della ‹stranierità› nella comunità di Pietro[60]

Introduzione

I punti che intendiamo approfondire sono il terzo ed quarto indicati nelle conclusioni del primo capitolo[61]. Questo momento di approfondimento sarà dedicato al Nuovo Testamento ed in particolare la Prima Lettera di Pietro.
Il contesto in cui poniamo il discorso vorrebbe essere in continuità con Ruth inserendolo in un clima esodico dove, oltre al valore imprescindibile della liberazione, vi sia anche quello del cammino.

Difatti Enzo Bianchi intravede il rischio dei cristiani di scambiare i propri risultati, i propri progressi spirituali per la terra promessa, per la destinazione finale che invece sarà la piena comunione con Dio.
In tal senso sembra sia opportuno vivere in condizioni di cammino, di pellegrinaggio. I cristiani sono stranieri e pellegrini sulla terra, poiché la loro cittadinanza è nei cieli dove saranno concittadini dei santi e coeredi di Cristo.

II.2.1. Il Metodo

La metodologia utilizzata ricalcherà la proposta dello studio del Libro di Ruth:
- la lettura teologico - spirituale e l'ascolto del dato scritturistico,
- lo studio del testo di Enzo Bianchi[62]
- la riflessione suscitata da due autori vicini ad Enzo Bianchi e da lui citati.

II.2.2. La ‹stranierità› offerta dal tessuto narrativo della prima Lettera di Pietro

Una prima peculiarità della Prima Lettera di Pietro è il buon livello della sua lingua greca, che si rivela anche nel ricorso agli artifici della retorica. Accostamento di termini sinonimi per rafforzare una idea (1,8.10; 2,25); la contrapposizione di termini e di nozioni (1,14.18.23, 2,10; 4,6, 5,2); le costruzioni ritmiche (1,3 – 12); la frequenza di immagini e di metafore (2,2.25, 5,8). Ma a questo livello lessicale stilistico unitario ed omogeneo non corrisponde una uguale solida struttura formale, nel senso che cercando uno sviluppo tematico progressivo e logico esso è pressoché inesistente. Lo scritto fonde insieme temi ed immagini, τοποι e sentenze senza un rigoroso raccordo logico.

---

[60] E. BIANCHI, *Una vita differente. Esercizi spirituali sulla Prima Lettera di Pietro predicati ai vescovi del Piemonte e dell'Abruzzo e Molise*, Edizioni San Paolo, Cinisello Balsamo 2005. La traduzione della lettera di pietro curata da Enzo Bianchi è stata posta in Appendice al nostro lavoro

[61] 3. La stranierità come vettore della differenza di vita cristiana, come salvaguardia dalla mondanizzazione nella sequela radicale di Gesù sulla Croce. 4. La stranierità rivelata da Gesù sulla Croce si intende come luogo ermeneutico del Dio rifiutato, misconosciuto, maledetto.

[62] E. BIANCHI, *Una vita differente. Esercizi spirituali sulla Prima Lettera di Pietro predicati ai vescovi del Piemonte e dell'Abruzzo e Molise*, Edizioni San Paolo, Cinisello Balsamo 2005

Seguiremo gli indizi che il testo offre [63]. Lo scopo ed il contenuto essenziale della Lettera sono, naturalmente, precisati alla fine, continuando l'andamento sottosopra, a rovescio, già sperimentato nel libro di Ruth ‹‹Vi ho scritto, come ritengo, brevemente per mezzo di Silvano, fratello fedele, per esortarvi e attestarvi che questa è la grazia di Dio›› (1Pt 5,12).

Il luogo di partenza della Lettera più plausibile sembrerebbe essere Roma[64].

Lo scopo della Lettera concepita come una missiva circolare potrebbe essere quello di rafforzare la fede dei cristiani che stavano subendo un'oppressione sociale e religiosa nelle province situate a Nord dell'Asia minore. Si tratta probabilmente del primo tentativo, da parte dei cristiani di Roma di esprimere la propria sollecitudine per le comunità cristiane nel mondo mediterraneo e di esercitare una tutela della loro fede e della loro morale.

I capitoli in cui la Lettera è suddivisa sono cinque[65].

Nello svolgimento della Lettera un tema centrale si attribuisce alla sofferenza e quindi al conforto per coloro i quali sono venuti a trovarsi in situazioni avverse. l'Autore della Lettera di presenta un programma di vita cristiano capace di superare la persecuzione mantenendo intatta la fede. Ma accanto a questo vi è il tema della speranza ugualmente considerato centrale rispetto alla struttura teologica della Lettera addirittura considerato come contro – canto necessario alla sofferenza.

Dietro questi due temi, sofferenza e speranza, soggiace la figura di Cristo, che fa da Canto Fermo: Egli è il Punto di Convergenza nella riflessione teologica della Lettera[66]. Difatti la Sua Passione, Morte e Risurrezione mostrano come la sofferenza del presente sia collegata alla speranza della gloria futura e così presenta ai cristiani/e un esempio del modo in cui essi devono condurre una vita di fede in mezzo ad una società che è loro ostile.

La vita cristiana assume i contorni accesi del paradosso. Poiché da una parte, il rilievo è dato all' esilio proprio della vita del cristiano, che ha la sua vera patria in cielo; ma dall'altro, la Lettera è considerata come una esortazione alla responsabilità sociale.

---

[63]R. FABRIS, *Lettera di Giacomo e Prima Lettera di Pietro*, Edizioni Dehoniane, Bologna 1980, pp.153 - 154

[64] E. BIANCHI, *Ibidem*, p.9

[65] Enzo Bianchi struttura la Lettera nel modo seguente:
1.) Indirizzo e Saluto (1 Pt 1,1 – 2)
2.) Benedizione trinitaria (1Pt 1,3 – 12)
3.) La dignità della vocazione cristiana (1Pt 1,13 - 2,10)
4.) Obblighi della vita cristiana (1Pt 2,11 – 3,12)
5.) Esortazione ai cristiani nella persecuzione (1Pt 3,13 - 5,11)
6.) Epilogo (1Pt 5,12 - 14) in E. BIANCHI, *Ibidem*, p.10

[66] P. J. ACHTEMEIER, *La Prima Lettera di Pietro. Commento storico esegetico*, Libreria Editrice Vaticana, Città del Vaticano 2004, pp. 142 - 143

La logica teologica della Lettera si basa sugli eventi della Passione di Gesù Cristo a cui corrisponde il Sigillo della vita del cristiano/a: La Sua sofferenza (2,21) e Morte (1,19) e la successiva Risurrezione (1,21) e Glorificazione. In tal modo da poter definire la teologia che soggiace alla Lettera cristocentrica poiché si tratta di ciò che forma alla realtà nuova e quindi ai successivi comportamenti nuovi di coloro che seguono Cristo.

Per terminare una breve curiosità il testo della lettera è contenuto per intero in un papiro[67].

I paragrafi che seguiranno sono legati alla illustrazione e definizione della categoria della ‹stranierità› attraverso l'approfondimento solo di alcune parti della Lettera, per rimanere nel circuito della nostra ricerca fedele alla ‹stranierità›. La traduzione che utilizziamo è quella di Enzo Bianchi.

II.2.3. I cristiani eletti e ‹stranieri› e pellegrini. (1 Pt 1,1-2; 2,11). L'ermeneutica della esistenza cristiana

La Lettera inizia con un esordio accuratamente costruito, il cui obiettivo era quello di attirare l'attenzione dei e sui destinatari[68].Difatti la presentazione dei destinatari attira tutto l'interesse dell'autore, offrendo fin dall'inizio del suo scritto una sintesi dello statuto dei cristiani/e con una implicita funzione parenetica quella cioè di considerare la propria condizione spirituale[69].

Nella Lettera e, a maggior ragione in apertura, è presente un forte avvertimento, rivolto ai cristiani destinatari, quello di non condividere la cultura del tempo e di non adattarsi ad essa. Come pellegrini e stranieri devono aspettarsi persecuzioni ed oltraggi proprio perché cristiani e a causa dei valori cristiani in cui credono.

> Pietro, apostolo di Gesù Cristo, agli Eletti Stranieri nella diaspora, nel Ponto, nella Galazia, nella Cappadocia, nell'Asia e nella Bitinia. Eletti secondo la preconoscenza di Dio Padre attraverso la santificazione dello Spirito, in vista della obbedienza e della aspersione del sangue di Gesù Cristo: grazia e pace a voi in abbondanza (1 Pt 1,1, - 2)

Questi due versetti formano l'apertura epistolare della Lettera. Essi hanno funzione introduttoria.

Pietro si presenta e si qualifica, indica poi i destinatari della sua Lettera e delinea i temi teologici di fondo della Lettera stessa: il popolo di Dio, il suo stato attuale di stranieri e pellegrini, l'iniziativa da parte di Dio, di Cristo, l'azione dello Spirito[70].

---

[67] P. J. ACHTEMEIER, *Ibidem*, p.157

[68] P. J. ACHTEMEIER, *Ibidem*, p.51. La Lettera in 1,3 – 12 segue persino la regola secondo cui l'esordio deve consistere in non più di quattro frasi

[69] R. FABRIS, *Ibidem*, p.171

[70] P. J. ACHTEMEIER, *Ibidem* , pp.163 - 164

Il Mittente si presenta in forma essenziale, quattro parole in tutto: ‹‹Pietro, apostolo di Gesù Cristo››[71] e si rivolge ‹‹agli eletti *stranieri* della diaspora del Ponto, della Galazia, della Cappadocia, dell'Asia e della Bitinia›› (1,1).
Sono i cristiani dell'Asia Minore, l'attuale Turchia. Risiedono in cinque distretti geografici, e quindi si ha a che fare con una Lettera inviata a più comunità[72].
Tre parole di non abituale accostamento qualificano i destinatari εκλεκτοζ παρεπιδημοζ διασπορα. Tradotte letteralmente suonano così ‹‹agli eletti forestieri della diaspora››.

E' una designazione insolita che definisce l'identità cristiana nel mondo secondo un doppio binario: uno la natura dei cristiani definiti (eletti); il secondo, storico-sociale cioè le relazioni con il mondo che li circonda che li rendono (stranieri/forestieri)[73]. In senso più lato, l'interrelazione delle tre parole che descrivono i destinatari fa trapelare la concezione dell'autore sulla natura della comunità cristiana e sulle sue relazioni con il mondo che la circonda.

Seppur l'indirizzo sia assimilabile a quelle delle altre lettere apostoliche, quindi contrassegnato da mittente e destinatari cui è rivolto il saluto, la sua singolarità balza agli occhi. Difatti, in rilievo è posta la ‹stranierità›[74], quasi contrassegnasse la caratteristica della vita cristiana, di più, per Enzo Bianchi nella Prima Lettera dell'apostolo Pietro vi sarebbe proprio ‹‹una vera ermeneutica della esistenza cristiana››[75].

L'accostamento dei due termini, illustra la paradossale identità dei cristiani/e evocati come eletti (εκλεκτοι) e stranieri nella diaspora (παρεπιδεμοι διασπορασ): una elezione che sradica e rende stranieri. L'Autore accosta lessicalmente due termini che in tal senso indicano la strada da intraprendere, ma che certo non rassicurano poiché vi è una chiarissima tensione dialettica da vivere come credenti.
La tensione di queste due simboliche percorre l'intero scritto e gioca un ruolo importante nella configurazione del piano letterario e tematico [76]. Essa riguarda la capacità dei cristiani di vivere la propria ‹stranierità› rispetto agli altri uomini e donne

[71] In apertura della lettera è sufficiente che l'autore si presenti e si qualifichi come Pietro e quindi è sentito dalla comunità cristiana primitiva nella sua funzione di roccia, di fondamento. Pietro si rivolge ai cristiani e parla loro come ‹‹apostolo›› (*apostolos),* cioè inviato da Gesù Cristo, accreditato da Gesù in forza del Quale poteva scrivere da Roma a comunità lontane dell'Asia minore. E. BIANCHI, *Ibidem*, p.14.
[72] Dal seguito della Lettera risulta che i destinatari provengono dall'ambiente pagano, in mezzo al quale vivono come una minoranza, cercando di difendere la propria identità spirituale. Si tratta di gruppi o piccole comunità organizzate che devono superare la tentazione del conformismo e il complesso della minorità. R. FABRIS, *Ibidem,* p.171
[73] P. J. ACHTEMEIER, *Ibidem* , p.164
[74] Sembra che in nessun altro scritto del Nuovo Testamento si presenti una così ampia costellazione di termini che in vario modo dicono l'essere straniero.
[75] E. BIANCHI, *Ibidem,* p.13
[76] E. BIANCHI, *Ibidem,* p.15.

per riuscire a compiere qualcosa per loro[77], che abbia, perchè no, il sapore della differenza cristiana e della loro distinzione.

Enzo Bianchi sottolinea la forza dell'accostamento lessicale: ‹‹stranieri nella diaspora›› vale a dire stranieri disseminati, che non danno vita neppure ad una colonia in mezzo agli altri uomini. L'elezione di Dio separa i cristiani e le cristiane dalla mondanità, vivere la propria elezione da parte di Dio crea la differenza, a tal punto da sembrare stranieri ai propri concittadini[78].

La ‹stranierità› così intesa non ha le caratteristiche della ostilità al mondo, non c'è nei cristiani nessuna volontà da crociati anzi. Difatti nel binomio elezione - ‹stranierità› passa un carico di tensione dialettica mai conclusa che ha a che fare con la storia della salvezza e la storia profana: per i cristiani/e nel mondo non vi è un passaporto né un permesso di soggiorno sicuro perché la loro cittadinanza, quella vera, è nei cieli ‹‹ed essi non possono avere alcuna patria che non sia il regno di Dio››[79] (cf. Fil 3,20; Eb 11,13 - 16; 13,14).

I cristiani e le cristiane si trovano in ogni tempo in una situazione di diaspora. E se i cristiani sono davvero ‹‹quelli che amano Cristo senza averlo visto e senza vederlo, in questa ora, credendo in Lui, esultano di Gioia indicibile e gloriosa›› (1Pt 1,8) allora sanno non gridare nell'arroganza della crociata ma pronunciare il suo nome con autorevolezza abbracciando la Croce. Poichè è in questo mondo profondamente amato da Dio, luogo della Sua Grazia, che si rintraccia la cifra della differenza cristiana, la ‹stranierità› appunto, che non vuol essere una differenza culturale, ma di vita, frutto della santificazione dello Spirito Santo[80].

La parola ‹‹stranieri›› non indica quindi una condizione sociale, non si riferisce a chi è straniero e di passaggio, ma designa i cristiani e le cristiane come tali ed il loro peculiare modo di essere nel mondo. In questa prospettiva i credenti in Cristo in quanto eletti sono ‹‹stranieri››, anche se geograficamente abitano in patria[81]. I cristiani sono eletti, scelti da Dio e quindi separati, come il popolo dell'A.T. Sono la scelta e la successiva appartenenza a Dio che rende i cristiani ‹‹stranieri›› nella diaspora, li distingue dagli altri uomini[82].

Il carattere generale dei primi due versi servono per dare la cornice di fondo al discorso successivo proponendo il progetto di uno stile di vita che definisce lo statuto spirituale dei cristiani. La novità del discorso petrino risiede nella motivazione che fa appello allo statuto storico – spirituale dei cristiani. Essi risultano stranieri rispetto al

---

[77] E. BIANCHI, *Ibidem,* p.13
[78] E. BIANCHI, *Ibidem,* p.15
[79] E. BIANCHI, *Ibidem,* p.17
[80] E. BIANCHI, *Ibidem,* p.18
[81] Questa concezione della identità cristiana sarà ripresa e sviluppata nel celebre passo della *Lettera a Diogneto* da noi citato e commentato: ‹‹I cristiani vivono nella loro patria ma come forestieri; partecipano a tutto, a tutto come cittadini e da tutto sono distaccati come stranieri. Ogni patria straniera è patria loro e ogni patria è straniera›› *A Diogn. V,5.*
[82] E. BIANCHI, *Ibidem,* p. 15

mondo ed alla storia, come residenti senza diritto, παροικοι, ma nello stesso tempo vivono nella storia anche se di passaggio come i pellegrini, παρεπιδεμοι:

> Carissimi vi esorto affinchè, in qualità di pellegrini e ospiti sulla terra, vi asteniate dagli impulsi passionali della carne, che combattono contro l'anima›› (1Pt 2,11)

La Lettera si interessa alla vita cristiana pratica in rapporto agli altri, in compagnia degli altri e delle altre. La vita in compagnia degli uomini e delle donne è caratterizzata, secondo l'Autore della Lettera, dalla convergenza verso Cristo che mette i cristiani in rapporto diretto con Dio orientando verso di Lui la propria esistenza. Conseguentemente, ordinando verso Dio tutte le cose, ci si ritrova immersi nel cammino verso di Lui. E l'unica preoccupazione per i cristiani e le cristiane sarà quella di far risplendere la bellezza della propria vita dimodochè chi non crede conosca e glorifichi Dio[83].

La priorità assoluta di Cristo e di Dio nella loro vita e la libertà che ne consegue non porteranno i cristiani e le cristiane ad un disimpegno terreno.

Ma è inevitabile l'urto con la mondanità[84].

Solo da questo atteggiamento potrà scaturire la differenza di una vita altra, diversa che anima la comunità cristiana.

L'essere straniero di cui parla la prima Lettera di Pietro esprime la irrinunciabile diversità legata al fatto di essere eletti e rivela il rapporto con il mondo a partire dalla esperienza concreta, che è esperienza sofferta a causa della rottura etico - religiosa con l'ambiente pagano.

I cristiani non intendono omologarsi alla vita dei non credenti e difendono la propria diversità come libertà ricevuta a caro prezzo.

II. 2.4. La comunità cristiana sedotta dalla ‹stranierità›.(1Pt 1,13-19)

L'Autore rende la ‹stranierità› il sottofondo della intera sua comunicazione di fede, l'andamento della Lettera avviene attraverso dei veri e propri paradossi che la caratterizzano approfondendola e ampliandola. Si tratta di mettere in atto quel movimento delicatissimo contenuto nelle parole di Gesù: Stare nel mondo senza essere del mondo (Gv 17,11-16)[85].

> Perciò, cinti i fianchi della vostra mente, sobri Sperate in quella grazia che vi sarà data nella manifestazione di Gesù Cristo si rivelerà. Come figli dell'obbedienza, non conformatevi ai desideri d'un tempo, quando eravate nell'ignoranza,ma conformemente al Santo che vi ha chiamati, diventate santi anche voi in tutta la vostra condotta; infatti sta scritto: *Voi sarete santi, perché io sono santo.* (Lev 19,2).

---

[83] R. FABRIS, *Ibidem*, pp.207 - 208
[84] E. BIANCHI, *Ibidem*, pp.59 - 60
[85] E. BIANCHI, *Ibidem*, pp. 16-17

> E se invocate come Padre colui che giudica ciascuno senza riguardo di persona e secondo l'opera di ciascuno, comportatevi con timore nel tempo del vostro pellegrinaggio. sapendo che non con cose corruttibili, come l'argento e l'oro, foste riscattati dalla vostra vana condotta tramandata dai vostri padri, ma con il sangue prezioso di Cristo, (1 Pt 1,13 – 18)

La particella introduttiva (διʃ) crea un raccordo con il discorso precedente, attua una funzione da ponte, riprendendo il tema della speranza, passando però dalla benedizione alla esortazione[86]. L'Autore utilizza metaforicamente l'espressione ‹‹cingersi i fianchi della mente›› evocando l'evento dell'Esodo nel quale già all'inizio ci eravamo collocati.

Si richiama così l'attenzione sulla necessità di rimuovere qualsiasi ostacolo dal proprio cammino cristiano come potrebbe esserlo un abito troppo lungo, per essere sobri, vigilanti, temperanti in modo tale da poter procedere con la giusta andatura.
La gente ebbra in abito lungo non si addice alla vita cristiana[87]. Poiché l'attitudine fondamentale della esistenza cristiana comporta due requisiti spirituali: la vigilanza e la sobrietà.

La prima, la vigilanza, nella Lettera è suggerita dall'immagine del viaggio, e di chi si dispone al lavoro. Difatti, la veste lunga sollevata e cinta ai fianchi è l'atteggiamento di chi parte per il cammino dell'Esodo e dei servi che aspettano il loro signore.

La seconda, ovvero la lucida sobrietà, è un τοποσ classico per descrivere l'attitudine spirituale dei cristiani che vivono in una prospettiva escatologica (1Ts 5,5 – 8; Ef 6,14)[88].
Con sobrietà si intende il retto giudizio sul mondo, con un uso corretto dei beni: la vesta lunga va cinta sui fianchi per poter esser comodi nel lavoro e vigilanti durante il viaggio. Così la sobrietà ha a che fare con l'uso limitato dei beni e sottoposto al discernimento perché si comprendano nella loro lucentezza i beni del cielo che attendono i credenti[89].

Ciò che personalmente cogliamo e raccogliamo è l'apporto di una esperienza nuova che è rappresentata da Gesù Cristo. Gesù Cristo qualifica il vivere straniero, sobrio e vigilante dei cristiani/e e ne determina lo stile. In sostanza il segno della appartenenza dei cristiani a Cristo dovrebbe riuscire a mutare la capacità di una conoscenza penetrativa della realtà tutta[90].

---

[86] E. BIANCHI, *Ibidem*, p.27
[87] P. J. ACHTEMEIER, *Ibidem* , p.224
[88] R. FABRIS, *Ibidem*, p.187
[89] E. BIANCHI, *Ibidem*, p.29
[90] E. BIANCHI, *Ibidem*, p.30

Sullo sfondo dell'attesa escatologica si descrive lo stile di vita corrispondente alla scelta battesimale. La tensione dialettica, il paradosso, la ‹stranierità› si innescano fra il mondo pagano dal quale provengono i destinatari, coloro che non sanno ‹‹perchè erano nell'ignoranza›› ed il nuovo progetto di vita, lo stesso ‹‹del Santo che vi ha chiamati, affinché diventiate santi anche voi in tutta la vostra condotta; poiché sta scritto: ‹‹Voi sarete santi, perché io sono santo›› (1 Pt 1,16).

Vi è una forte contrapposizione fra il passato pagano[91] ed il presente cristiano. Ciò che supponiamo avvenga, sia simile ad una rottura , ad uno strappo senza rimpianti, una trasformazione che dovrebbe investire ogni aspetto della condotta cristiana, coinvolgendo la totalità della vita che continua ad essere vissuta in una cultura ostile.
La motivazione o conferma biblica è data con il rinvio al testo di Lev. 19,2: ‹‹Siate santi, perché io sono Santo››. Questo comando è valido anche per i cristiani/e: Dio resta Santo ma è pronto a comunicare la sua santità per chi entra in comunione con Lui.

Non riteniamo sia questa la sede per richiamare il percorso storico e teologico che porta alla nozione di santità ma esso ha una valenza originaria di separazione dal profano e di appartenenza al sacro che viene realizzata nel contesto esodico come liberazione dalla schiavitù e comprensione al Dio unico per mezzo della fedeltà al patto[92].

Nel contesto della Prima Lettera di Pietro i cristiani si sottraggono al mondo e si trasferiscono nello spazio di Dio, perché partecipano alla sua stessa santità[93], la santità ha a che fare con la ‹distinzione›, con la differenza dei cristiani/e rispetto al mondo pagano e alla loro ‹stranierità›.

La novità della esortazione dell'Autore della Lettera sta nella insistenza sullo statuto di santità che deve essere attuato in tutta la vita, nel quotidiano, come risposta alla chiamata di ‹Dio Santo›.

Il versetto 17 della Lettera inaugura un altro paradosso definito con un'altra contrapposizione di due aspetti del vivere cristiano: il rapporto filiale con Dio ed il timore religioso che deve accompagnare il cammino di perseveranza:

> E se pregando chiamate Padre colui che senza riguardi personali giudica ciascuno secondo le sue opere, comportatevi con timore nel tempo del vostro pellegrinaggio. (1Pt 1,17).

---

91 E. BIANCHI, *Ibidem*, p.31
92 R. FABRIS, *Ibidem*, p.188
93 E. BIANCHI, *Ibidem*, p.32

La ferialità e la quotidianità del rapporto con Dio da parte dei cristiani non si pone come garanzia per assumere un atteggiamento ‹‹di stolto ottundimento››[94]ma l'Autore della Lettera richiama l'idea del pellegrinaggio traduzione dal greco del termine *παροικια,* per riportare il discorso sulla ‹stranierità› dei cristiani. La condizione di chi risiede ma in un paese straniero, senza diritto di cittadinanza. Irrompe ancora una volta l'idea della ‹stranierità›, della precarietà mondana in cui versano i cristiani. Essi/e sono il popolo di Dio in cammino, i cristiani sono *παροικοι* che abitano in compagnia di uomini e donne ma contemporaneamente sono stranieri e pellegrini perché la loro cittadinanza vera è nei cieli[95].

Il contesto esodico in cui siamo immersi ricorda il prezzo del riscatto, il caro prezzo della liberazione .

Ciò di cui si tratta è la Croce di Cristo come storia del Padre, del Figlio e dello Spirito Santo: i cristiani/e sono coloro i quali credono in Dio che ha risuscitato Gesù Cristo dai morti e l'ha glorificato.

Nella vicenda di Gesù sulla Croce vi è la manifestazione della logica dell'amore trinitario, amore effuso sull'umanità che Dio ha tanto amato da dargli il suo Figlio unigenito. Nella Lettera non sembra vi siano tesi teologiche particolari, nè vi è una teologia propria ma piuttosto un secco riferimento alla fede cristologica essenziale[96].

Le sue tappe fondamentali si possono ricostruire così: elezione eterna divina, rivelazione storica, morte salvifica, Risurrezione e glorificazione di Cristo[97]. L'autore sedotto dall'idea della ‹stranierità› qualifica la vita cristiana come pellegrinaggio o esilio per riferirla alla situazione attuale dei cristiani in relazione alla cultura dominante che considera come pericolo per chi non si conforma alle sue usanze. Sarà proprio la santità, la separazione operata da Dio, dai valori della cultura secolare a renderli, οι παροικοι da intendersi come un sinonimo che definisce il breve tempo della vita dei cristiani[98].

II.2.5. Cristo Pietra angolare, i cristiani pietre vive. (1Pt 2,4-12)

> Accostandovi a lui, pietra viva, rifiutata dagli uomini, ma scelta e preziosa presso Dio,anche voi stessi come pietre vive lasciatevi costruire quale casa spirituale, per un sacerdozio santo, per offrire sacrifici spirituali graditi a Dio, per mezzo di Gesù Cristo. Perciò si ha nella Scrittura: *Ecco io pongo in Sion una pietra angolare, scelta, preziosa e chi crede in essa non andrà in rovina* (Is 28,16).Onore dunque a voi che credete; ma per gli increduli *la pietra che i costruttori hanno scartato è divenuta testata d'angolo e pietra d'inciampo e roccia di scandalo.*(1 Pt 2,4 – 12)

---

94 E. BIANCHI, *Ibidem,* p.32
95 E. BIANCHI, *Ibidem,* p.35
96 E. BIANCHI, *Ibidem,* p.37
97 R. FABRIS, *Ibidem,* p.188
98 P. J. ACHTEMEIER, *Ibidem,* p.234

Pietro centra l'immagine della crescita e quella della costruzione, mediante la quale si esprime più comunitariamente la dimensione del cammino cristiano. Il contesto vitale di questa esortazione sembra quello di una chiesa in minoranza, posta in crisi dall'ostilità dell'ambiente incredulo[99]. Di qui l'invito a scegliere Cristo, aderendo a Lui senza paure e rimpianti.

La comunità delineata e descritta dall'Autore della Lettera è ‹‹casa e popolo››, e la forma letteraria appare estremamente densa e ricca di una cascata di metafore che si succedono una dopo l'altra[100]. Poggiando sulla ‹‹pietra eletta›› i cristiani vengono edificati in οιχοσ πνευματιχοσ, ‹‹casa spirituale››(1 Pt 2,4 – 5). Essi hanno coscienza di essere la stirpe eletta, il popolo di Dio che deve annunciare le meraviglie di Colui che li ha chiamata (1Pt 2,9). L'espressione ‹‹pietra viva›› (λιτον ζοντα) attribuisce a Cristo un termine (λιτοσ) che nell'A.T. è spesso attribuito a Dio[101], continuando così l'uso cristologico del termine già evidenziato nel versetto 3 (Ξιπιοσ)[102].

La Pietra scartata, rigettata viene comunque scelta (εχλεκτον) e ritenuta preziosa agli occhi di Dio può indicare il conforto che i cristiani possono trarre dalla sequela di Cristo: anche essi benché rifiutati e stranieri alla loro cultura hanno Dio, dalla loro parte.

I cristiani stringendosi a Lui e a Lui aderendo, hanno la loro parte nella vicenda di Gesù lasciandosi impiegare come ‹‹pietre vive››.

In tal senso lo scopo del cristiano è la costruzione dell'edificio di Dio perché possa abitare in mezzo agli uomini e alle donne, in mezzo al suo popolo, in mezzo a quelli che lo accolgono: in loro compagnia.

La comunione dei cristiani con la ‹‹Pietra angolare›› li rende, a loro volta ‹‹pietre vive››, perchè, stretti a Cristo sono strappati dalla morte e costituiscono un tempio santo, un sacerdozio nuovo, una stirpe regale, un popolo messianico.

Secondo la logica della Lettera i cristiani/e sono pietre vive e costituiscono un popolo messianico se accettano la Croce, come il loro Signore, il quale fu

---

[99] R. FABRIS, *Ibidem*, p.199

[100] E. BIANCHI, *Ibidem*, p.46

[101] Così ad es. Dt 32,4 ‹‹Egli è la Roccia; perfetta è l'opera sua››; 2 Sam 23,3 ‹‹Il Dio di Giacobbe ha parlato, la rupe di Israele mi ha detto››; Is 26,4 ‹‹Confidate nel Signore sempre, perchè è una roccia eterna››; 30, 29 ‹‹Voi innalzerete il vostro canto come nella notte in cui si celebra una festa; avrete gioia nel cuore come chi parte al suono del flauto, per recarsi al monte del Signore, alla roccia d'Israele›› ; Sal 19,15:‹‹Ti siano gradite le parole della mia bocca, davanti a te i pensieri del mio cuore. Signore, mia rupe e mio redentore››; 62,3,7: ‹‹Lui solo è mia rupe e mia salvezza, mia roccia di difesa. Non potrò vacillare…Lui solo è mia rupe e mia salvezza, mia roccia di difesa, non potrò vacillare.››

[102] P. J. ACHTEMEIER, *Ibidem*, p.278

proclamato re dei giudei solo sulla Croce[103] . Ed essere sulla Croce significa assumere la sofferenza, la condizione di vittima, la sottomissione all'ingiuria. Essere stretti alla ‹‹Pietra Angolare›› come ‹‹pietre vive›› significherà assumere come criterio ermeneutico definitivo: la Croce di Gesù di Nazareth, la Sua ‹stranierità› al mondo che lo ha scartato.

Crediamo importante evidenziare il fatto che, in questa pericope non appaia, così come in nessuna parte della Lettera, alcuna idea di ritirarsi in disparte dal mondo ostile o di formare una sorta di conventicola di giusti[104], piuttosto Pietro invita i cristiani/e a partecipare pienamente alla vita della società ostile stringendosi alla ‹‹Pietra angolare›› come ‹‹pietre vive›› .

II.2.6. I cristiani ‹stranieri› e pellegrini. Capaci di una vita bella (1Pt 2,11 – 12)

> Amatissimi, io vi esorto come stranieri e pellegrini ad astenervi dai desideri della carne che fanno guerra alla vostra vita; abbiate in mezzo ai pagani una condotta bella affinchè mentre vi denigrano come se foste malfattori, persuasi delle vostre belle opere, diano gloria a Dio nel giorno della sua visita

Con l'appellativo ‹‹amatissimi›› (αγαπετοι) e la successiva esortazione ‹io esorto› (παρακαλο), la Lettera giunge alla sua parte principale, in cui l'Autore esorta i cristiani minacciati, ed indica loro di comportarsi correttamente e coraggiosamente per amore di Dio. L'appellativo ‹‹amatissimi›› tipicamente cristiano[105] mette in rilievo sia che i destinatari sono amati da Dio, ma anche l'affetto che l'Autore esprime per loro.

Il Nuovo Testamento è attraversato da questo amore: l'uomo è salvato non tanto quando egli ama ma piuttosto quando è amato e crede a questo amore, e l'amore che ciascuno riversa sull'altro rappresenta il frutto di una esperienza precedente di amore ricevuto su di sé [106].

Questa nuova parte della Lettera si lega con quanto precede attraverso la caratterizzazione dei destinatari come ‹‹stranieri e pellegrini››, poichè già trovato e commentato in 1 Pt 1,1 e 1,17.

Così facendo l'Autore riprende 1,1, e conduce verso una riva sicura ciò che era stato preannunciato all'inizio della Lettera: l'incoraggiamento e l'esortazione direttiva alla comunità dei cristiani. Essi infatti per la loro condizione sociale ed il loro atteggiamento di fede non sono considerati cittadini equiparati ad altri, ma sono diffamati e contestati.

---

[103] E. BIANCHI, *Ibidem*, p.56

[104] P. J. ACHTEMEIER, *Ibidem*, p. 302

[105] Così si ritrova in Rm 12,19, 1 Cor.10, 14, 2 Cor. 7,1; 1 Ts. 2,8; anche Gc. 1,16.19; 2 Pt 3,1; 1 Gv 2,7; Gd 3,17.20

[106] E. BIANCHI, *Ibidem*, p.58

Riunire i due concetti socialmente differenziati, quali παροικοι, residenti senza cittadinanza, con παραπιδεμοι, stranieri, senza permesso di soggiorno, mette in rilievo la situazione difficile ed insicura dei destinatari. Come tali hanno bisogno di incoraggiamento, di esortazione e di una direttiva.

Ci sorprende ancora un paradosso quello di legare insieme αγαπετοι χον παροικοι ε παραπιδεμοι: gli Amatissimi da Dio sono pellegrini e stranieri. La loro situazione attualmente faticosa nel mondo è anche l'origine della loro speranza[107].

La condizione di pellegrino e ‹straniero› descrive lo *status* nel quale i cristiani/e devono conservare la loro buona condotta[108]. Difatti su questa qualità di pellegrini e ‹stranieri› Pietro fonda una serie di esortazioni rivolte ai cristiani, per specificare in che modo essi devono agire.

Essi non devono conformare la propria condotta a quella della cultura dominante, piuttosto vivere in maniera consapevolmente diversa da quella dei pagani e questo è possibile non lasciando spazio alle bramosie che lottano contro l'anima[109] contro la tentazione di uniformarsi alla cultura emergente per far scaturire la differenza cristiana, cioè una vita altra, diversa[110].

La novità del discorso petrino è data dalla motivazione che fa appello allo statuto storico – spirituale dei cristiani.

Essi sono stranieri al mondo ed alla storia, come residenti senza diritto, παροικοι, ma nello stesso tempo vivono nella storia, anche se di passaggio come παραπιδεμοι. La frase pleroforica caratterizza la tensione fra una esistenza cristiana che si realizza nel mondo, ma senza conformarsi al sistema mondano[111].

La prima esortazione di Pietro ‹‹abbiate in mezzo ai pagani una condotta bella››, un buon comportamento (1Pt 2,12) prosegue il pensiero del versetto 11, presentando il lato positivo del vivere da ‹stranieri› nella propria cultura.

I cristiani/e attuano anche sul piano visibile, quindi esterno, una condotta di vita ideale con il duplice scopo di smontare le false accuse che circolano sul loro conto nell'ambiente pagano e di invitare i detrattori ad un esame più attento per comprendere la ragione ultima di una tale condotta di vita.

È sorprendente come l'Autore parli di ‹‹belle azioni››[112] che comprovano uno stile di vita autenticamente cristiano (1Pt 2,12).

---

107 O. KNOCK, *Le due lettere di Pietro e la Lettera di Giuda*, Morcelliana, Brescia 1996, p.99

108 P. J. ACHTEMEIER, *Ibidem*, p. 309

109 O. KNOCK, *Ibidem*, p.100

110 E. BIANCHI, *Ibidem*, p.60

111 R. FABRIS, *Ibidem*, p.208

112 *Kalà erga*, belle opere

L'esortazione a compiere ciò che è manifestatamente bello (καλοσ) agli occhi dei non credenti evidenzia l'interesse dei cristiani/e all'opinione del mondo. Essi in tal maniera offrono una testimonianza di limpida onestà e correttezza civile.

Da ciò che emerge per i cristiani è un dovere rompere con i desideri del mondo e astenersi da essi ma, compiuto questo, bisogna mostrare ai pagani che la vita cristiana è comprensibilmente bella. Perciò i cristiani devono cantare le *mirabilia Dei,* facendo in modo che, chi li conosce siano disposti ad incontrare la gloria di Dio nel giorno del giudizio[113]. Lo scopo ultimo della condotta dei cristiani/e non è né elitario, né missionario, ma teologico: la glorificazione di Dio[114].

Nell'indicare ‹‹le belle azioni›› l'Autore adotta un linguaggio tradizionale che risale a Gesù, come riferito in Mt 5,16: ‹‹così risplenda la vostra luce davanti agli uomini, perchè vedano le vostre opere belle e rendano gloria al Padre vostro che è nei cieli››.

La glorificazione di Dio avviene nel giorno della Sua visita, nel giorno del giudizio, unendosi al canto delle meraviglie proclamato dai credenti. E' una speranza per l'ultimo giorno[115].

II. 2.7. La Croce di Cristo sigillo di ‹stranierità›. (1 Pt 2, 21 - 25)

> Per questo infatti siete stati chiamati, poiché anche Cristo soffrì per voi lasciandovi un esempio, affinchè ne seguiate le tracce: egli non commise peccato né si trovò inganno sulla sua bocca (Is 53,9);insultato non ricambiava l'insulto, soffrendo non minacciava, ma si affidava a colui che giudica con giustizia;[116]egli stesso portò i nostri peccati (Is 53,4.12)nel suo corpo sul legno della Croce, affinchè noi stessi, morti ai peccati, vivessimo per la giustizia; dalle sue piaghe siete stati guariti (Is 53,5) Eravate, infatti erranti come pecore (Is 53,6)
> Ma ora siete tornati al pastore e vescovo delle vostre vite.

La collocazione letteraria dell'inno cristologico riporta la verità centrale del cristianesimo: la sofferenza ignominiosa sofferta da Cristo sulla Croce[117].

L'autore incoraggia i suoi lettori a rimanere nella fede e pone in rilievo il valore positivo di partecipare alla passione di Cristo attraverso la persecuzione. La sofferenza per amore di Cristo appartiene ai cristiani/e come una delle componenti essenziali e sostanziali della propria scelta di vita.

---

[113] E. BIANCHI, *Ibidem*, p.62
[114] O. KNOCK, *Ibidem*, p.102
[115] E. BIANCHI, *Ibidem*, p.62
[116] Con il versetto 21a inizia l'ampia motivazione cristologica. I quattro versi successivi formano una unità letteraria abbastanza compatta. Nella sua traduzione, riportata da noi fedelmente , Enzo Bianchi evidenzia come le quattro sequenze dell'inno si ispirino dal punto di vista tematico al canto del servo di Isaia (53, 1 – 12)
[117] E. BIANCHI, *Ibidem*, p. 71

Ma la particolarità risiede nell' accettarla con gioia, poiché ‹‹a questo siete stati chiamati›› (1 Pt 2, 21a).

Se si indugiasse sull'interrogativo che apre l'inno, : a cosa è chiamato il cristiano?[118] La risposta di Pietro è chiara: ‹‹ad essere come Cristo››. Cristo è considerato come modello perfetto di comportamento per ogni cristiano.

L'Autore indica la strada a ciascun cristiano/a: chi non è messo alla prova, sperimentato e purificato nella sequela della sofferenza del Signore, non è sulle Sue tracce. Il destino di sofferenza di Gesù Cristo è un modello vincolante (ηψπογραμμοσ) di destino e rappresenta un elemento essenziale del cammino della vita dei cristiani[119]. Con grande semplicità i cristiani dovrebbero riprodurre nell'arco della propria esistenza l'esempio di tutta la vita di Gesù ed, in questo caso, di rendere presente la condizione di servo[120].
La sofferenza dei cristiani corrisponde alla volontà di Dio. Il materiale utilizzato per tale argomentazione Enzo Bianchi lo inserisce in una corrente preesistente di tradizione che si può cogliere in numerosi passi del Nuovo Testamento[121].

La Prima Lettera di Pietro riprende da Paolo il concetto dell'imitazione del comportamento di Cristo nella sofferenza. L'apostolo imita consapevolmente il cammino di vita di Cristo per conquistarsi una parte nella sua gloria (Fil 3,7 – 14) ed esorta i credenti ad imitare il suo esempio (τψποσ) e quello di altri cristiani autorevoli. Ma, a differenza dei vangeli sinottici e di Paolo, Pietro, nella prima Lettera di Pietro, centra la vita cristiana sulla consapevole e gioiosa sequela ed imitazione di Cristo nella passione, sulla Croce [122].

Riteniamo che l'importanza della Prima Lettera di Pietro si mostri proprio in questo riferimento alla necessità della sofferenza dei cristiani a motivo della comunione di destino con Gesù sulla Croce e nella audace sintesi di promessa di gioia escatologica.

Enzo Bianchi insiste particolarmente sulla comprensione di Gesù come il Messia Sofferente del ‹‹quarto canto del servo di Isaia›› (Is 53)[123] sia da parte di Gesù stesso

---

[118] E. BIANCHI, *Ibidem,* p. 74

[119] E. Bianchi annota come il termine *hypogrammos* indichi il modello di scrittura che lo scolaro deve copiare in E. BIANCHI, *Ibidem,* p. 75

[120] E. BIANCHI, *Ibidem,* p. 74

[121] In primo luogo nel definire beati i discepoli insultati e proscritti per amore di Gesù. Poi nella chiamata ai discepoli da parte di Cristo, alla sequela ed della sofferenza e della Croce; infine nell'enunciazione di Paolo, che la follia della Croce è sapienza e potenza di Dio per i cristiani (1Cor 1, 17 – 24), e che la passione di Cristo, in virtù del battesimo, caratterizza la vita dei cristiani. E. BIANCHI, *Ibidem,* p. 75

[122] O. KNOCK, *Ibidem,* p.118

[123] Dal confronto dello schema della struttura della pericope di 1 Pietro 2, 21 - 25 ed Isaia 53 appare chiaro che l'inno cristologico è una specie di ricalco sul canto biblico del Servo del Signore

che in tal maniera interpreta la sua fine imminente, sia da parte della comunità primitiva che evidentemente sente la necessità di ritornare alla figura del ‹‹servo di JHWH››.

Il testo propone ed attualizza lo scandalo della Croce, la fine violenta ed ingloriosa del Messia: Pietro insegna che questa è la sequela del cristiano resosi povero sulle tracce del ‹‹povero servo di JHWH››[124]. Cristo è il Servo innocente sulla Croce davanti a Dio e giusto nei confronti degli uomini.

La presentazione di Cristo, che non risponde agli insulti, né reagisce in modo violento, ma si affida a Dio evoca in termini generali alcune situazioni della Sua passione storica. Il valore salvifico della sofferenza mortale di Cristo sulla Croce è ricercato ancora mediante il confronto con la figura del Giusto sofferente del Canto di Isaia. Ma il commento cristiano, che parte dalla esperienza storica salvifica della Croce di Gesù, dà un senso nuovo alle frasi e immagini bibliche[125].

Difatti con un crescendo di esplicitazione, l'Autore pone in luce l'assoluta innocenza di Cristo (1Pt 2,22), la sua non opposizione alla violenza ed alla ingiustizia e il suo abbandonarsi a Dio, l'unico che giudica rettamente (v.23). E il giudizio di Dio si manifesta e si realizza nella morte di Croce subita da Cristo: tale morte, diviene misura di comportamento stabilita da Dio, con tutte le implicazioni (v.24).

Dopo questa esplicitazione è ripreso nuovamente il tema soteriologico fondamentale: col livido delle percosse subite da Cristo foste guariti, nello scandalo della Croce avviene il sacrificio di espiazione[126]. La sofferenza ha una portata espiatoria, la morte in Croce di Gesù avviene per la salvezza degli uomini e delle donne.

La vergogna, lo scandalo insostenibile della Croce si evince dall'uso che l'Autore fa del termine (ξψλον) sottolineato da Enzo Bianchi per evidenziaree la vergogna del ‹‹legno›› così come descritta in (Dt 21,22 – 23):

> se un uomo avrà commesso un delitto degno di morte e tu l'avrai messo a morte e appeso all'albero/legno il suo cadavere non dovrà rimanere tutta la notte sull'albero, ma lo seppellirai lo stesso giorno, perchè l'appeso è un maledetto da Dio

Nella sua vicenda storica la morte di Gesù sulla Croce unisce in sé due elementi la vita offerta (nel suo corpo) come vittima di espiazione ed il supplizio di vergogna (sul legno).

Per questo il ‹‹legno maledetto››, può diventare l'altare, il luogo dove la vittima viene portata e presentata dal sacerdote a Dio. Cristo non è solo l'esempio, il modello ma diviene causa della salvezza perchè gli uomini vivano per la giustizia[127].

---

[124] E. BIANCHI, *Ibidem*, p.75
[125] R. FABRIS, *Ibidem*, pp. 119 - 220
[126] E. BIANCHI, *Ibidem*, p.77
[127] E. BIANCHI, *Ibidem*, pp.78 - 79

Pietro nella sua Prima Lettera insiste sul fatto che grazie alla morte infamante e dolorosa sulla Croce, Gesù Cristo ha salvato i credenti da una situazione di peccato ed ha reso possibile per essi l'attuazione della volontà di Dio, la Sua giustizia[128]. La Croce assume i contorni del sigillo della ‹stranierità› dei cristiani.

II.2.8 Il Sigillo della ‹stranierità›: la Croce di Cristo.

La Prima Lettera di Pietro riguarda la testimonianza della vita cristiana in compagnia degli uomini e delle donne, ovvero ‹‹il vivere altrimenti›› dei cristiani nella solidarietà umana. Dopo l'analisi e l'approfondimento di alcune pericopi offerte dalla Prima Lettera di Pietrone riprendiamo delle linee guida.

- La figura di Cristo appare come il Punto di Convergenza nella riflessione teologica della Lettera[129], infatti la Sua Passione, Morte e Risurrezione mostrano come la sofferenza del presente sia collegata alla speranza della gloria futura. In tal senso i cristiani/e altro non possono fare che seguirNe le Tracce. La logica teologica della Lettera si basa sugli eventi della Passione di Gesù Cristo a cui corrisponde il Sigillo della vita del cristiano/a.
- La vita cristiana nel mondo assume i contorni accesi del ‹paradosso›, che contiene insieme sia un aspetto legato all'esilio poiché i credenti hanno la loro vera patria in cielo, sia l'aspetto della assunzione di responsabilità sociale. Si tratta di mettere in atto quel movimento delicatissimo contenuto nelle parole di Gesù: Stare nel mondo senza essere del mondo (Gv 17,11-16)[130].
- La categoria della ‹stranierità› si delinea come una differenza di vita, frutto della santificazione dello Spirito Santo[131], per essere come Cristo modello perfetto di comportamento per ogni cristiano/a.

Conclusione

Il Meraviglioso Paradosso cifra della ‹stranierità›dei cristiani e delle cristiane nella Sacra Scrittura.

Al termine dell'approfondimento che ha sostato sulla Sacra Scrittura riteniamo di aver fondato ed arricchito la categoria della ‹stranierità› di nuove connotazioni.

- Nella singolarità del destino di Ruth la moabita abbiamo ritrovato un accento riposto con forza sulla ‹stranierità›. Difatti nel libro di Ruth la ‹stranierità› ci viene offerta come ricerca permanente per l'accoglienza e il superamento dell'altro in sé nell'amore. La moabita l'abbiamo presa come Archetipo di ‹stranierità› poiché nella sua storia si assaggia la provvisorietà e la transitorietà dell'umana condizione ed in lei si verifica il passaggio di ‹straniera› sia nel senso di ospitato che di ospitante con uno sguardo verso la concezione della

[128] R. FABRIS, *Ibidem,* p.220

[129] P. J. ACHTEMEIER, *La Prima Lettera di Pietro. Commento storico esegetico*, Libreria Editrice Vaticana, Città del Vaticano 2004, pp. 142 - 143

[130] E. BIANCHI, *Ibidem*, pp. 16-17

[131] E. BIANCHI, *Ibidem,* p.18

sovranità di Dio che poggia sul respinto, sull'indegno che richiede uno scarto, un'alterità radicale come richiamo ed invito a considerare la fertilità dell'altro/a.

- Nella logica teologica della Prima Lettera di Pietro la ‹stranierità› rivelata da Gesù sulla Croce diviene luogo ermeneutico del Dio rifiutato, misconosciuto, maledetto. La Croce di Cristo infatti definisce il momento tragicamente culminante della radicale ‹stranierità› in cui Gesù crocifisso appare fuori dalla società civile e religiosa, abbandonato da Dio e dagli uomini, fuori dalla Salvezza. L'Autore della lettera rende la ‹stranierità› il sottofondo della intera sua comunicazione di fede a cui fa corrispondere il Sigillo della vita del cristiano/a.

Si tratta di mettere in atto quel movimento delicatissimo contenuto nelle parole di Gesù: Stare nel mondo senza essere del mondo (Gv 17,11-16). E se i cristiani sono davvero ‹‹quelli che amano Cristo senza averlo visto e senza vederlo, in questa ora, credendo in Lui, esultano di Gioia indicibile e gloriosa›› (1Pt 1,8) allora sanno non gridare nell'arroganza della crociata ma pronunciare il Suo nome con autorevolezza abbracciando la Croce. La Croce di Cristo è l'assunzione del male fino in fondo, da Lui liberamente accettata, senza difese e senza ritrazioni.

Cristo vive sulla Croce la somma obbedienza e relazionalità al Padre e contemporaneamente la somma distanza dalla volontà del Padre facendosi <<peccato per noi>>. Cristo sulla Croce diviene il <Meraviglioso Paradosso> sigillo della comunità cristiana nella prima Lettera di Pietro poichè Egli può tenere l'impossibile necessario di vicinanza e distanza, lontano e vicino, presente e assente.

C'è una crudezza nella Croce di Cristo, ma è proprio questa che fa di noi figli e figlie del Signore, figlie e figli nel Figlio: permette che noi abbiamo vita, ci mostra la possibilità di avere più vita di quanto la nostra esperienza ci mostri: la <stranierità> di Cristo sulla Croce si situa nel Paradosso di vivere su questa eccedenza di vita.

I cristiani sono e rimangono stranieri e pellegrini, stretti alla Pietra angolare ma in compagnia degli uomini e delle donne del loro tempo, senza evasioni ma sedotti dallo Straniero sulla Croce a cui sono intimamente abbracciati.

III. 1. Lo stile e la datazione

La *Lettera a Diogneto* si considera uno fra i testi più belli e letterariamente curati del II – III secolo, pieno di eleganza stilistica ma anche di sentimento, addirittura si qualifica come ‹‹una perla dell'apologetica del II secolo ed è annoverato fra ciò ‹‹che di più brillante è stato scritto dai cristiani in greco››[132].

La *Lettera a Diogneto* è stata riscoperta dal Concilio Vaticano II che riprende alcune espressioni nei suoi documenti[133], soprattutto per descrivere quale possa essere la posizione e la condizione dei cristiani e delle cristiane nel contesto in cui vivono.

Lo scritto convenzionalmente considerato una Lettera per la sua destinazione ad un personaggio preciso si svolge più come un trattato o come un discorso, risale al II secolo[134]. L'opera è scritta in prosa e si sviluppa attraverso un linguaggio semplice che riesce a fondere la cultura classica e l'ispirazione biblica sia dell'Antico che del Nuovo Testamento con un primato dato alle Lettere di Paolo[135]. Lo stile sintetico della *Lettera a Diogneto* si può attribuire in parte, alla brevità dello scritto, ma anche, in parte a una consapevole scelta dell'Autore che quasi mai insiste sui temi di volta in volta affrontati. Per quest'ultima caratteristica la *Lettera a Diogneto* si differenzia dagli altri apologisti in cui la ripetizione e l'esemplificazione sono di norma portate al limite estremo, per pura finalità retorica.

Un gran mistero grava intorno a questo breve scritto circa il destinatario e l'autore.

III.2. Il destinatario

Il destinatario della Lettera è un pagano colto (personaggio reale o fittizio) che vuole rendersi conto della natura del messaggio cristiano e della fondatezza o meno di quanto si andava dicendo della nuova religione che le persecuzioni non erano riuscite ad estirpare. Il nome di Diogneto era diffuso nei primi secoli dell'era cristiana, è possibile sia stato un personaggio di primo piano, ma l'individuazione certa non

---

[132]H.I MARROU, (Introduction, Edition critique, Traduction et Commentaire), *A Diognéte* , Edition du Cerf, Paris 1965, (SC 33 bis), p.90

[133]*Lumen Gentium* 38, *Dei Verbum* 4, *Ad Gentes* 15

[134]‹‹Discorso o trattato, *logos* è un'*Apologia* che si sviluppa e si compie in una *Esortazione*›› H.I MARROU, *A Diognéte* (SC 33 bis), pp. 89; 93. Quasi tutti gli studiosi convengono che sia stato scritto nel II secolo dell'era cristiana; alcuni tendono a porre la data di composizione nella prima metà, più vicino ai Padri Apostolici. E.BONAIUTI, *Lettera a Diogneto*, Roma 1921, pp.17 – 19. Egli ricollega, con le dovute cautele e riserve, il nostro scritto più ai Padri Apostolici (*Didachè, Epistola di Barnaba*) che agli apologisti.

[135]Il capitolo V dell'*A Diogneto* è intessuto di espressioni e immagini desunte dall'Epistolario paolino. Così ad esempio: la descrizione della situazione di tensione fra i cristiani e la carne (V, 8: 2 Cor. 10,3; Rom.8, 12 – 13); l'affermazione della patria celeste (V,9:Fil.3, 20); all'esposizione della situazione paradossale dei cristiani/e nel mondo, mediante una serie efficaci di antitesi ispirate al passo in cui s. Paolo illustra il ministero apostolico fra gli uomini e le donne (V, 12 – 16: 2 Cor. 6.8 – 10 e anche 1 Cor. 4, 10.12)

sembra ragionevolmente fondata[136]. L'appellativo κρ◊τιστε, ottimo, eccellentissimo, fa pensare che si tratti di un personaggio investito di poteri pubblici.

III.3. L'autore

Se il corrispondente ha un nome ma non una identità precisa, l'Autore della *A Diogneto* non ha neppure un nome. Pur non potendo leggere direttamente l'opera, si è tuttavia abbastanza sicuri del testo. In effetti, nel sedicesimo secolo ne furono fatte tre copie. Una di esse, eseguita probabilmente nel 1579 da Bernard Haus, per conto di Martin Crusius, fu ritrovata tre secoli dopo da C. I. Neumann e si trova ancora oggi nella Biblioteca universitaria di Tübingen. La seconda fu eseguita nel 1586 da Henri Estienne per *l'editio princeps* dell'opera, che apparve nel 1592: fitta di note di lettura e di proposte di correzioni, essa si trova oggi a Leida.

La terza, opera di J. J. Beurer tra il 1586 e il 1592, si è perduta: ma l'autore l'aveva comunicata, con le proprie annotazioni, a H. Estienne e a F. Sylburg, il quale ultimo pubblicò una propria edizione nel 1593

Il tentativo di attribuzione ad autori noti non hanno prodotto effetti convincenti; tra le proposte di localizzazione attualmente si pensa l'Asia minore e a Roma. Quanto alla datazione, il riferimento alle persecuzioni[137] sembra assicurare una data pre-costantiniana; si tende così a collocare la *Lettera a Diogneto* tra la metà del secolo II e gli inizi del III, in base al grado di evoluzione delle tematiche apologetiche in esso presenti, e il messaggio dell'opera sembra convenire bene all'età degli Antonini o dei Severi. Come già riferito di particolare pregio è l'elevata qualità del greco, segno di reale cultura letteraria e per il taglio originalissimo con cui sono affrontati i contenuti teologici[138].

L'anonimo autore si cerca di identificarlo con Policarpo, ad avvicinarlo a Giustino per il suo spirito apologetico o a Ireneo da Lione[139], ma il fatto vero è che la paternità dello scritto sia, a tutt'oggi, dibattuta.

Qualche indizio sull'eventuale Autore può essere ricavato dall'inizio della risposta *A Diogneto*, poiché egli elenca le questioni in discussione su cui è stato invitato a pronunciarsi. Erano confutazioni analizzate dagli spiriti più pensosi, che potrebbero riportare il nostro agli Apologisti del II secolo sia greci (Quadrato, Giustino, Melitone da Sardi) che latini (Minucio Felice e Tertulliano). Ma niente è accertato.

---

[136]O κρατιστε unito al nome proprio ha spesso significato ufficiale *egregius,* come titolo dei personaggi appartenenti ai ranghi inferiori dell'ordine equestre H.I MARROU, *A Diognéte*, (SCh 33 bis), p. 255. Ma talora è una forma di cortesia semplicemente *optimus*, come probabilmente in Lc 1,3

[137]Nella Lettera a Diogneto tale riferimento è l'unico termine per datarne la composizione. Le persecuzioni sono rammentate proprio nei capitoli V e VI

[138] G.GENTILI, *A Diogneto,* (Introduzione, Traduzione e Note) Ed. Dehoniane, Bologna 2006, p.8

[139] E.NORELLI, *A Diogneto,* (Introduzione, Traduzione e Note), Ed.Paoline, Milano 1991, p.50

III. 4. Le edizioni

Successivamente all'*editio princeps* dell'opera eseguita da Henri Estienne che apparve nel 1592 a Parigi vi sono state numerose redazioni e ristampe del tutto o delle parti (circa 65) e la sua bibliografia sorpassa i 250 testi. Questa popolarità contrasta il silenzio totale da parte della letteratura patristica e bizantina: la *Lettera a Diogneto* non si trova citata da nessuna parte; essa è ignorata anche da chi si considera fonte abituale in materia di letteratura cristiana antica come Eusebio, s. Girolamo, Fozio.

Lo scritto è caratterizzato da una felice brevità, i capitoli di cui si compone sono XII, ma sugli ultimi due vi sono dei forti dubbi sulla loro autenticità.

III.5 .La struttura e il contenuto della Lettera a Diogneto

III.5 1. La struttura

Gli argomenti trattati sono pochi, tutti essenziali.

Le verità sono enunciate, ma mai precisate in definizioni. Attraverso le risposte date per l'interlocutore vengono esposte alcuni fra gli aspetti basilari della fede cristiana incentrata sul Verbo, sicchè spesso si è parlato di una vera e propria cristologia della *Lettera a Diogneto*. Tale sicurezza nell'individuare i temi di fede di fondo garantisce la robustezza del tessuto teologico sotteso. Nella *Lettera a Diogneto* non si ritrova una teologia che segue moduli e schemi, piuttosto essa risente fortemente del pensiero paolino in particolar modo della Lettera ai Romani e della Lettera ai Galati[140].

Lo scritto affronta tre argomenti:

a) L'annuncio cristiano: contro il paganesimo, oltre l'ebraismo (capitoli II – IV)
b) Il paradosso cristiano nel mondo (capitoli V – VI)
c) L'Economia della salvezza (capitoli VII – XII)

Tali argomentazioni sono formulate da Diogneto in otto questioni:

1. quale è il Dio dei cristiani
2. la natura del culto che gli rendono
3. il distacco dei cristiani dal mondo
4. il loro disprezzo della morte
5. il rifiuto degli dei pagani
6. un giudizio sul ritualismo ebraico
7. l'amore reciproco dei cristiani
8. il perché del cristianesimo in un determinato momento storico.

Il capitolo X chiude la serie argomentativa con l'esortazione a Diogneto ad abbracciare la nuova fede.

---

[140] H.I. Marrou sottolinea come aldilà delle singole allusioni e regressioni, *l'A Diogneto* sviluppa per intero tutta la linea espressa nei capitoli delle Lettere paoline citate. in H.I. MARROU, *A Diognéte,* (SCh 33 bis) pp.255 -257

La *Lettera a Diogneto* termina con i capitoli XI – XII, che, come già precedentemente accennato, sono ritenuti spuri.

III.5.2. Il contenuto della Lettera a Diogneto

L'Autore della *Lettera a Diogneto* non cerca il conflitto con il suo interlocutore[141]. L'anonimo scrittore vuole rapidamente situarsi su di un terreno comune per dialogare con il colto Diogneto: di fronte al paganesimo, sceglie il livello polemico più facile, la critica degli dei fatti in maniera corruttibile, che sarebbe stata condivisa da qualunque pagano illuminato.

- Il capitolo I si svolge rapidamente, la *pars destruens* suppone il consenso dell'interlocutore nella condanna razionale dell'idolatria, del politeismo e dei sacrifici cruenti.
- I capitoli II - IV presentano la parte negativa e propongono le critiche al paganesimo e giudaismo comuni a tutta l'apologetica cristiana ma con un accento particolare dovuto al fatto che di entrambi si sottolinea l'aspetto di costruzione religiosa puramente umana.
- I capitoli V – VI mostrano il modello dei cristiani/e radicandolo nell'imitazione di Cristo, la sua condizione paradossale, silenziosa anima del mondo, che vivono sulla terra come cittadini/e del cielo partecipi della vita di tutti e nello stesso tempo stranieri al mondo.
- Lo scritto termina con la esposizione del nucleo della rivelazione di Dio nell'economia della Salvezza. (VII – X)
- Come già accennato, un problema di autenticità grava sui capitoli XI – XII della *Lettera A Diogneto*[142].

III.6 Presentazione del paradosso come cifra della ‹stranierità›dei cristiani/e nei capitoli V e VI della Lettera a Diogneto

Il cuore della *Lettera a Diogneto* si svolge nei capitoli V e VI, in cui si delinea e si illustra la condizione del cristiano/a nel mondo. Dopo aver motivato il rigetto del paganesimo e del culto ebraico, il nostro Autore risponde alle domande che Diogneto gli aveva rivolto sui cristiani: quale è il loro Dio, quale la natura del culto che essi gli rendono, quale il loro atteggiamento di fronte al mondo. Il capitolo V fa da preludio al capitolo VI mediante l'analisi del ‹paradosso› cristiano. I cristiani/e saranno descritti/e come uomini e donne, per la verità pochi, che, seppur sconosciuti, disprezzati o dispersi sono essi/e che sostengono il mondo e a loro Dio ha assegnato un posto tale che non è lecito tirarsi indietro[143].

---

[141] H.I.MARROU, *A Diognéte*, (SCh 33bis) p.5; p.254

[142] La tendenza degli studiosi della *Lettera a Diogneto* ritiene che i capitoli XI e XII non appartengano allo Scritto originale. Cfr. C. MORESCHINI - E.NORELLI, *Storia della letteratura cristiana antica greca e latina. Da Paolo di Tarso all'età costantiniana.* Vol. I, Morcelliana, Brescia 1991, pp. 307 – 310; A. PINCHERLE, *Storia del cristianesimo*, Laterza, Bari –Roma 1984, p.100

[143] *Ad Diogn.* V,1; VI, 7 – 10 in H.I. MARROU, *A Diognéte* (SCh 33 bis), pp. 63; 66

III.6.1. La ‹stranierità› del Capitolo V della Lettera a Diogneto: rottura paradossale dei credenti in Cristo con il mondo circostante

La nostra indagine sul capitolo V della *Lettera a Diogneto* avverrà sia da un punto di vista strutturale - stilistico che concettuale.

Analizzeremo altresì il significato del ‹paradosso› sia come modulo espressivo che come chiave di volta per la comprensione della ‹stranierità› dei cristiani/e nel capitolo stesso.

Il capitolo V della *Lettera a Diogneto*: la struttura e lo stile

Il capitolo V della *Lettera a Diogneto* presenta la vita dei cristiani e delle cristiane nella loro società partendo dal principio che essi/e non si distinguono esteriormente in nulla dagli altri uomini e donne: né per il paese che abitano, né per la lingua che parlano, né per gli usi in generale[144]. Nessuna ‹stranierità› dei cristiani/e emerge apparentemente.

L'autore della *Lettera a Diogneto* sovrappone i grandi tratti che caratterizzano la vita dei cristiani e delle cristiane e li collega gli uni con gli altri rendendo il quadro, completo, pur nella sua brevità[145]. Si riesce ad intravedere il motivo della profonda ammirazione che i pagani provavano dinanzi al cristianesimo vissuto. Due sistemi di vita completamente opposti e contrastanti fra cristiani/e e i pagani che si trovano a co-abitare nella stessa *polis*. Possiamo individuare nel *cor unum et anima una* della prima Chiesa di Gerusalemme, la frase che meglio stigmatizza la vita sociale dei cristiani/e dei primi tre secoli. La figura descritta, potrebbe ugualmente essere resa nell'immagine di S. Basilio Magno quando dirà al ricco:‹‹tu rubi al povero scalzo le tue scarpe che tieni ad ammuffire nei ricolmi tuoi armadi››.

Immaginiamo come la società pagana guardasse ai cristiani/e: come dei pazzi/e o dei rivoluzionari /e .

Da un punto di vista strutturale e stilistico il capitolo V della *Lettera a Diogneto* svolge una funzione preminentemente assertivo – introduttiva e procede per sezioni che rispondono ad un preciso ordito retorico che, entrando nel dettaglio di ciascun versetto è possibile cogliere con maggiore approssimazione. Difatti:

Nei V, 1 - 2 si sottolinea l'esteriore identità fra i cristiani e i non cristiani, uguali per paese, lingua e veste ribadita nel secondo paragrafo con altre parole, ma identici concetti e in schema parallelo; poi, dopo la parentesi di V,3 (la dottrina cristiana non è umana), ecco V, 4 che innesta una rottura tanto più sorprendente, τηαυμαστΓ, quanto meno aspettata e, anzi, paradossale παρ◊δοξοσ: i cristiani/e sono diversi/e in tutto.

---

[144] *Ad Diogn*. V,1 – 3 H.I.MARROU, *Ibidem*, p. 62

[145] Potremmo affermare come termine *Ad Diogn* V,5, in H.I MARROU, *Ibidem*, p.62

Quindi con la V, 6 – 10 si indicano quali siano gli elementi della paradossale diversità cristiana: il rispetto della vita anche infantile; un ipotetico richiamo all'eucarestia; la cittadinanza nei cieli; l'amore per chi li odia.

Infine in V, 11 – 17, una serie di confronti fra cristiani e non cristiani, modellati sulla schema retorico della antitesi e del chiasmo, con una sapienza tecnica controllata.

Il capitolo V della *Lettera a Diogneto:* il piano concettuale

Nel capitolo V le idee scaturiscono e si affollano frementi, nuove e varie. Nello stampo elementare delle antitesi l'Autore getta uno dopo l'altro, seguendo un rapido ritmo, i diversi aspetti in base ai quali si rinnova la sua idea fondamentale. Non sono variazioni rispetto ad un unico tema, ma una serie di concetti dei quali ciascuno sottolinea un aspetto nuovo del paradosso dei cristiani/e nel mondo.

Sul piano concettuale il capitolo V si riassume intorno a tre concetti chiave:

1. I cristiani/e sono uguali a non cristiani/e. In tal senso la *Lettera a Diogneto* va al nocciolo della questione e mette in luce la *imago vitae* dei cristiani/e, esprimendo ed illustrando così le realtà spirituali e le forme cultuali che li contrassegnano. Lo scritto si apre e poggia interamente su proposizioni negative:

   > I cristiani, infatti, *non* si differenziano dagli altri uomini *né* per territorio né per lingua *né* per abiti . Essi *non* abitano in città proprie *né* parlano un linguaggio inusitato; la vita che conducono *non* ha niente di strano.
   > La loro dottrina *non* è frutto di elucubrazioni di persone curiose, *né* si fanno promotori come alcuni di una qualche teoria umana[146].

   La negazione vale a dire ciò che non si è, prepara l'intuizione del che cosa significa essere cristiani/e.
2. I cristiani/e non si distinguono neppure come i seguaci di una dottrina o setta più o meno filosofica, ciò che implicava spesso un genere di vita e un abbigliamento particolari. Secondo la prospettiva in cui ci immette la *Lettera a Diogneto* si può dunque essere cristiani/e senza operare alcuno di quei cambiamenti esteriori (di luogo, di genere di vita, ecc.) che producono, e producevano ancor più nell'antichità, una situazione sociale marginale, una perdita di status. Eppure i cristiani e le cristiane si collocano agli esatti antipodi della mentalità e del comportamento comune configurandosi come un ‹meraviglioso paradosso›
3. Dopo aver ribadito il rifiuto dei cristiani di far ghetto e a lasciarsi segregare essi sono spiegati: ‹‹sparpagliati nelle città greche e barbare, a seconda di come a ciascuno è toccato in sorte››, le affermazioni successive seguono un ritmo antitetico che accentua, in un crescendo, le caratteristiche della esistenza cristiana e che li inserisce nel mondo in compagnia degli uomini e delle donne del loro tempo:

---

[146] *Ad Diogn*. V,1 – 3, in H.MARROU, *A Diognéte* (SCh33 bis), p.62

> Abitando nelle città greche e barbare, come a ciascuno è toccato, uniformandosi alle usanze locali per quanto concerne l'abbigliamento, il vitto ed il resto della vita quotidiana, mostrano il *meraviglioso paradosso,* riconosciuto da tutti, della loro società spirituale[147]

Riteniamo interessante evidenziare come l'autore della Lettera non accetti una catalogazione dei cristiani quale popolo o razza a sé poiché questo sembra impedito dall'universalità della loro fede.

In sostanza i credenti in Cristo sono tratteggiati come una minoranza che non rivendica tutele particolari, che non esigono spazi propri, che potenzialmente si adattano ad ogni cultura senza con questo sentirsi minacciati in ciò che gli è essenziale; una minoranza che non rifiuta l'integrazione ma a cui però non è lontana l'idea della persecuzione.

Secondo l'Autore si può quindi essere cristiani/e senza operare alcuno di quei cambiamenti esteriori (di luogo, di genere di vita, ecc).

Il capitolo V della *Lettera a Diogneto*: la descrizione del ‹paradosso› cifra della ‹stranierità›dei cristiani/e

Nelle affermazioni successive si evidenzia il ritmo antitetico già evidenziato che però accentua ‹meravigliosamente› la singolarità della esistenza cristiana. I cristiani e le cristiane che non costituiscano una razza, un popolo, un gruppo etnico particolare, ma anzi la loro specificità non li vuole separati dagli altri difatti ‹‹essi si uniformano alle usanze locali per quanto concerne l'abbigliamento, il vitto ed il resto della vita quotidiana››, manifestano però con ‹‹la loro vita il *meraviglioso paradosso,* conosciuto da tutti, della loro società spirituale››.

Crediamo sia opportuno comprendere questo pensiero espresso dalla *Lettera a Diogneto* con il metodo che si basa proprio sulla figura retorica dell'antitesi e del ‹paradosso›.
Con ciò, intendiamo la tensione che si genera come una corrente di opposizione nel momento in cui si uniscono elementi inconciliabili tra loro o si tronca una unione inscindibile. Il ‹paradosso› diventa la forma interna di questa arte e l'antitesi, il segno più vistoso.

Il testo della *Lettera a Diogneto* richiama questo modulo letterario là dove delinea il vivere del mondo in cui i cristiani/e sono inseriti, dominato da valori, da cui essi però sono chiamati a staccarsi, in un ritmo altalenante dei due poli contrastanti, come in un aspirare ed espirare, in un parlare ed in un tacere, in un agire ed in un riposare. Da quanto esposto sembra vi sia nel ‹paradosso› una duplice costitutiva dimensione.

---

[147] *Ad Diogn.* V,4, in H.I. MARROU, *Ibidem,* p. 62

- In primo luogo esso designa qualcosa fuori dal comune, cioè che si pone in contrasto con le opinioni correnti e le loro formulazioni;
- in secondo luogo si rileva il carattere antinomico del paradosso cioè la sua struttura antitetica, in cui A e –A sono chiamati a convivere e a richiamarsi vicendevolmente. Il testo della *Lettera a Diogneto* mostra il carattere strutturalmente e costitutivamente antinomico del vissuto dai credenti e dalle credenti attraverso una serie di antitesi. Il testo descrive l'esistenza credente come la sequela a Cristo che determina continuamente le due diverse dimensioni, al mondo ed alla Patria nei cieli, indicando l'ideale paolino del ‹come se non›:

Questo vi dico fratelli: il tempo ormai si è fatto breve; d'ora innanzi, quelli che hanno moglie, vivano *come se non* l'avessero; coloro che piangono, *come se non* piangessero e quelli che godono *come se non* godessero; quelli che comprano *come se non* possedessero, quelli che usano il mondo *come se non* ne usassero appieno: perché passa la scena di questo mondo! (1Cor 7, 29-31).

I cristiani/e presentati nella *Lettera a Diogneto* non soffrono per uno *status* insufficiente da compensare mediante l'integrazione in una comunità religiosa; possiedono invece uno *status* da valorizzare radicandolo nella conformazione di Cristo. Ciò che risulta centrale per la intelligenza del testo è contenuto ne *il Meraviglioso paradosso* perché esso attribuisce un valore propriamente religioso al mistero cristiano, imprescindibile per la comprensione della situazione di originalissima ‹stranierità› dei cristiani/e nel mondo e della loro presenza nella società.

Abitano nella propria patria, ma come stranieri, partecipano a tutto come cittadini, e tutto sopportano come forestieri; ogni terra straniera è la loro patria e ogni patria è terra straniera[148]

I credenti e le credenti in Cristo sono definiti ‹stranieri›, οι παροικοι, ma anche cittadini residenti. Nel senso che sono abitanti delle loro proprie patrie conservando il loro pieno diritto di cittadini, ma come stranieri, si ricade evidentemente, ancora, nel paradosso.

Proseguendo la descrizione della vita dei cristiani e delle cristiane riportata nella *Lettera a Diogneto* si nota l'intrepidezza: giacché è propriamente narrata come una vita vissuta come tutti/e nelle realtà terrestri ma da ‹stranieri› rispetto alla mondanità e distinti nello spirito con cui animano il mondo. Poichè, così come afferma Enzo Bianchi[149] nuovamente citando la *imago vitae* esposta nella *Lettera a Diogneto,* i

---

[148] *Ad Diogn.*, V,5, in H.I. MARROU, *A Diognéte* (SCh 33bis), p. 62

[149] E.BIANCHI, *Una vita differente. Esercizi spirituali sulla Prima Lettera di Pietro predicati ai vescovi del Piemonte e dell'Abruzzo e Molise*, Ed S. Paolo, Milano 2005, p.17

cristiani e le cristiane non possono avere alcuna patria che non sia il regno di Dio, di modo che il quotidiano è superato e proiettato in una prospettiva che non è mondana.

Crediamo che, se come cristiani/e si ricerca la conformazione a Cristo allora viene da sè la testimonianza di vita che abbia tratti evangelici paradossali per gli altri e le altre. La maniera e il perché ciò avvenga si rende evidente più avanti nella *Lettera a Diogneto* che in tal senso fornisce la soluzione: ‹‹I cristiani sono nella carne, ma non vivono secondo la carne››[150], cioè sono ‹stranieri› sulla terra perché sono cittadini del cielo. Abitano in certa misura in Cristo ed albergano in compagnia degli uomini e delle donne. La loro condizione di ‹stranieri› /e nella città o nazione in cui abitano non deriva dunque da una cittadinanza terrena, che impedirebbe loro di godere del pieno diritto di cittadini là dove risiedono.

Quest'ultimo viceversa è fuori discussione. E' vero peraltro che i cristiani sono perseguitati , ma, appunto, la causa è l'ignoranza. Questa persecuzione è presentata, anche essa in modo paradossale:

> Vengono oltraggiati e benedicono; sono insultati, e invece rendono onore. Benchè compiano il bene, vengono puniti come malfattori; benchè puniti, gioiscono come se ricevessero la vita
> Dai giudei sono combattuti come stranieri e dai greci sono perseguitati, ma chi li odia non sa spiegare il motivo della propria avversione nei loro confronti

La serie di antitesi sono destinate per il momento a restare degli enigmi per Diogneto; enigmi che lo spingeranno a porsi le domande giuste, cui risponderà il capitolo X.

La perfezione morale dei cristiani/e, non va in senso inverso rispetto la legislazione, ma nello stesso senso, superandola in perfezione. Visibili i segni così come le contraddizioni apparenti nella vita quotidiana, ma non il culto proprio dei cristiani/e.

Per la *Lettera a Diogneto* la dottrina cristiana non è confrontabile con le altre dottrine né può essere messa in parallelo con alcuna di esse, poiché focalizzata nel ‹meraviglioso paradosso›, il cui coronamento si concretizza nella Novità di Vita portata da Cristo, che si presenta come piena valorizzazione e realizzazione. I cristiani/e completano con ciò il disegno di Dio su ciascuno/a.

La semplicità del contesto concettuale e la sapienza della organizzazione retorica denunciano il carattere preparatorio di questo capitolo, costruito ad arte per porre attenzione su quello che l'autore si predispone a dire.

---

[150] *Ad Diogn.*, V,8 in H.I. MARROU, *A Diognéte* (SC 33bis) p.63

III.6.2. La ‹stranierità› nel Capitolo VI della Lettera a Diogneto: adesione al Meraviglioso paradosso

Il pensiero della *Lettera a Diogneto* nel capitolo VI che ci apprestiamo ad avvicinare è carico di idee che l'anonimo Autore, immaginiamo con mano quasi febbrile, cerca di annotare. La varietà e la quantità di pensieri del capitolo VI ci ha creato qualche difficoltà in più, ma individueremo un approccio, così come il capitolo V, sia da un punto di vista strutturale - stilistico che concettuale.

Ricercheremo quale sia il significato del ‹paradosso› sia come modulo espressivo che come chiave di volta per la comprensione della ‹stranierità› dei cristiani/e nel capitolo stesso.

Il capitolo VI della *Lettera a Diogneto*: la struttura e lo stile

Il capitolo VI della *Lettera a Diogneto* con il precedente forma il tratto più bello sotto l'aspetto stilistico, dello scritto. All'autore quasi esaurito il repertorio dei fatti perché già detto nel capitolo precedente, sembra balenare una idea luminosa e, sapendo che la persona a cui si rivolge è tale che potrà capire fino in fondo l'argomentazione, e allora vi si abbandona del tutto.

Il messaggio arriva appena all'inizio del capitolo VI,1 difatti esso porta con sé la risposta ai paradossi precedenti.

L'anonimo autore fornisce le categorie utili per la comprensione dei cristiani e delle cristiane. Egli ricorre ad una similitudine che ogni pagano colto era in grado di comprendere: ‹‹Insomma, per dirla in breve, i cristiani svolgono nel mondo la stessa funzione dell'anima nel corpo››[151]. Diretto, semplice e netto.

Difatti per rendere partecipe Diogneto del ‹Meraviglioso paradosso› vissuto dai cristiani/e l'autore della Lettera riprende le nozioni attinte dalla struttura politica, dell'Alto Impero Romano. La persona che lascia la colonia nella quale è iscritto per andare ad abitare in un altro municipio acquisisce il diritto di cittadinanza in quest'ultimo: continua ad essere cittadino/a nella sua città di origine e nel nuovo ‹domicilio› è considerato come ‹straniero/a›. La condizione dei credenti e delle credenti in Cristo corrisponde alla categoria della ‹stranierità› residente appena descritta e sicuramente compresa dall'‹‹Ottimo Diogneto››, ma la loro funzione è paragonata a quella dell'anima, che agisce per il bene di tutto il corpo, ma da questo è trattenuta prigioniera. Così come l'anima persevera, ugualmente i cristiani e le cristiane non vengono meno al compito assegnato loro dal Signore: di tenere insieme il mondo che li ospita ma come stranieri.

Tutto il capitolo VI della *Lettera a Diogneto* ovvero i paragrafi VI, 2 – VI, 9 svolgono una funzione esplicativa – esemplificativa, peraltro interessante, dello

[151]*Ad Diogn*, VI, 1 in H.I. MARROU, Ibidem, p. 65

straordinario concetto espresso in VI,1: ‹‹In una parola, come l'anima è nel corpo così i cristiani sono nel mondo›› .

La tesi ha dietro di sé sia Mt 5, 13 – 14: ‹‹Voi siete il sale della terra...Voi siete la luce del mondo››; sia Gv 8,12 ‹‹Io sono la luce del mondo; chi segue me, non camminerà nelle tenebre, ma avrà la luce della vita››. Nonché Fil 2,15: ‹‹fra i gentili dovete splendere come astri nel mondo››[152].

Si devono sciogliere gli interrogativi suscitati dal passaggio più forte ed originale del nostro scritto, là dove esso afferma che: ‹‹L'anima che pure sostiene il corpo, è rinchiusa in esso; anche i cristiani, pur essendo il sostegno (σψν΢χηεται) del mondo, sono imprigionati in esso››.

La esposizione che viene riportata nella *Lettera a Diogneto* è audace ed ardita: i cristiani/le cristiane pur vivendo come tutti e tutte, le realtà terrestri, si distinguono e trascendono ciò che è transitorio, divenendo ‹stranieri/e›, ma non per schivare o ignorare il mondo, ma per assumerlo in sé divenendone il sostegno, con lo sguardo fisso verso una prospettiva che non è terrena. Nella *Lettera a Diogneto* il cristiano/a si definisce dalla sua ‹stranierità› e povertà di chi non ha una propria lingua, dei propri costumi, delle proprie abitudini da difendere, ma è un soggetto che sta nel mondo senza esserlo come l'anima nel corpo.

I cristiani/e non si presentano come un gruppo visibile, che potrebbero rappresentare un'alternativa alla società esistente: non fanno alcun torto al mondo. In questa prospettiva la frase celebre secondo cui sono loro che mantengono insieme il mondo diviene carica di implicazioni umane e sociali: i cristiani/e divengono garanti dell'ordine del mondo:

> L'anima immortale abita in una dimora mortale; anche i cristiani vivono come stranieri fra ciò che è corruttibile, mentre aspettano l'incorruttibilità celeste. Dio ha assegnato loro un posto così sublime e a essi non è lecito abba ndonarlo[153].

Ecco il posto importante che Dio ha assegnato ai cristani, l'affermazione ‹‹che non è lecito abbandonarlo›› significa aderire alla volontà di Dio per la conservazione dell'ordine nell'universo. Perché, per quanto scomodo possa essere, esso è il posto affidato ai cristiani ed alle cristiane direttamente da Dio.

Il capitolo VI della *Lettera a Diogneto*: il piano concettuale

L'autore non si preoccupa di cercare le parole, la rispondenza, il parallelismo è perfetto sotto quasi tutti gli aspetti; non gli rimane che svilupparlo. I cristiani e le cristiane sono nel mondo quello che l'anima è nel corpo, i cristiani/e attendono la

---

[152] S.ZINCONE, (Introduzione,Traduzione,Note) *A Diogneto,* Edizioni Borla,Roma 1997, pp.68 - 69

[153] *Ad Diogn*, VI, 1 in H.I. MARROU, *Ibidem,* p. 66

chiamata all'incorruttibilità dei cieli. L'autore dello scritto *A Diogneto* assume nel modo più radicale la novità del cristianesimo, Dio si è manifestato pienamente nel Figlio per la prima volta ed in maniera diretta, ai cristiani ed alle cristiane non resta che abbracciarLo per trovarsi in sintonia con il progetto di Dio sul mondo.

La situazione dei cristiani/e nel mondo implica una sintesi di trascendenza e di immanenza, un vivere senza timore il ‹Meraviglioso Paradosso›. Perché, da una parte, è vero che i cristiani/e sono in compagnia degli uomini e delle donne, ma ciò che li rende cristiani/e, che rende il loro «un vivere differente›› proviene da un ordine diverso, da una relazione speciale che si stabilisce fra loro ed il Signore, cifra della loro ‹stranierità›.

Il ‹paradosso› descritto nella *Lettera a Diogneto* contiene delle analogie volutamente parziali che noi poniamo su due piani :

- Nel primo i cristiani/e si comportano come perfetti cittadini /e della città terrena, seppur si considerino sempre di passaggio: la patria vera, il loro Regno non è di questa terra. La presenza dei cristiani e delle cristiane nel mondo è paragonata a quella forza vitale dell'anima diffusa in tutte le parti del corpo. I cristiani/e non si considerano definiti dal loro inserimento nella città terrestre, per loro essa rappresenta una dimora provvisoria, tenda o prigione. Di qui il paradosso della loro condizione: poiché essi/e regolano la loro condotta in base ad una priorità di valori che non è quella del mondo, la sorte che è a loro riservata non conta ai loro occhi.
- Nel secondo ordine di considerazioni già annunciate, non vi è una giustapposizione antinomica tra il mondo ed i cristiani/e, ma una sintesi, un rapporto da noi declinato con la categoria della ‹stranierità›.

Il mondo per il cristiano/a diviene luogo di servizio in compagnia degli uomini e delle donne. Quest'ultimo concetto si esprime apertamente nella *Lettera a Diogneto* grazie al confronto con l'ascesi : come l'anima, in lotta con il corpo resiste alle sue ispirazioni, così i cristiani si perfezionano mediante le macerazioni che essa gli impone, in talmodo essi ‹‹ogni giorno maltrattati, si moltiplicano ulteriormente››.

Crediamo che sia questo che dà risonanza al ‹paradosso cristiano›: vivere la propria storia terrena, il proprio ruolo l'ha dove è stato posto dal Signore aderendo al Suo disegno paradossale. In tal maniera la presenza dei cristiani/e nel mondo vissuta in compagnia dei propri contemporanei diviene servizio fecondo per gli altri/ e, per il mondo stesso nel Signore.

La spiegazione del *paradosso* cifra della ‹stranierità› dei cristiani e delle cristiane nel capitolo VI della *Lettera a Diogneto*

Il capitolo VI della *Lettera a Diogneto* con la serie di analogie volute, rende i cristiani/ e necessari nel e per il disegno di Dio, come *anima nel mondo:* paradosso bellissimo ed estremo che difficilmente potrebbe essere più radicale. Ecco la sua spiegazione: la religione dei cristiani/e non è una invenzione umana, ma proviene da Dio ed è stata trasmessa dal Figlio, il *Meraviglioso Paradosso.* Allora i credenti in

Cristo sono come l'anima è nel corpo, e la religione cristiana è invisibile ma supporta e sostiene la compagnia degli uomini e delle donne. La ‹stranierità› dal mondo da parte dei cristiani/e, benchè reale e radicale, è essenzialmente spirituale, interiore, si tratta di una adesione personale all'inaudito disegno di Dio.

La pregnante e penetrante intuizione dei cristiani/e come ‹‹anima del mondo›› è stata accolta e ripresa dal Concilio Vaticano II nella *Lumen Gentium* laddove citando la *Lettera a Diogneto* assegna al laico/a cristiano/a il ruolo di essere nel mondo testimone della Resurrezione e della vita del Signore Gesù e un segno del Dio vivo.

> Tutti insieme e ognuno per la sua parte devono nutrire il mondo con frutti dello spirito (cfr. Gal 5,22) e diffondervi lo spirito dei poveri, dei miti e dei pacifici, che il Signore nell'Evangelo ha proclamato beati (cfr. Mt 5,39). In una parola ciò che l'anima è nel corpo i cristiani lo siano nel mondo. [154]

Giova ricordare come sia la prima volta che un Concilio Ecumenico parla in modo sistematico dei laici e delle laiche come cooperatori e cooperatrici all'unica missione della chiesa e ponga a esempio di quest'affermazione la *Lettera a Diogneto* e come fondamento il battesimo. A conclusione del capitolo la *Lumen Gentium* pone come caposaldo l'‹‹anima del mondo››.

Conclusione

Il ‹Meraviglioso paradosso› cifra della ‹stranierità› dei cristiani e cristiane nella Lettera a Diogneto

La *Lettera a Diogneto* rivolta ad un interlocutore ‹laico› quale noi siamo, si è ritenuta importante per porsi in atteggiamento di ascolto delle ragioni date all'‹‹Ottimo Diogneto›› sul comportamento e sull'atteggiamento tenuti dai primi cristiani/e. Una testimonianza intrepida, scritta con la grammatica dell'amore per l'altro/a che può dire e dare suggestioni ed incoraggiamento nell'ampia crisi che attualmente attraversa la nostra storia e da tutti riconosciuta come tale.

La *Lettera a Diogneto* invita i/ le credenti in Cristo ad interpretare come propria cifra di ‹stranierità› nel mondo in tutta la sua profondità e paradossalità con l'esigenza di collocarla sotto la luce dell'Evangelo ma in ‹‹compagnia degli uomini e delle donne››.

La comunità cristiana così come illustrata nella *Lettera a Diogneto* conduce la propria vita in mezzo al mondo e, con tutto il proprio essere e il proprio agire, in ogni momento testimonia che ‹‹l'apparenza di questo mondo passa›› (1Cor 7,23). La comunità dei credenti in Cristo ‹paradossalmente› cammina nella carne ma il suo sguardo è rivolto al cielo. Qui essa è in un paese straniero, una colonia lontana dalla

---

[154] LG 40

propria patria, una comunità di straniere e stranieri che godono dell'ospitalità del paese in cui vivono, ed obbediscono e rispettano le autorità straniere. Sono ospiti stranieri sulla terra (Eb 11,13; 13,14; 1 Pt 2,1) poiché aspirano alla loro patria che è nel cielo, perché la loro vera vita è nascosta con Cristo in Dio.

Le annotazioni dell'ignoto autore della *Lettera a Diogneto* trattano di un vivere cristiano dal carattere ‹‹mirabile e paradossale›› (τηαυμαστ\ν κα∫ παρ◊δοξον) del loro costume di vita (πολιτ∫ιασ) straniero che fanno da sfondo a questa forma di cristianesimo. In questa descrizione di vivere altrimenti nella storia da parte dei cristiani/e si necessita della'assunzione della categoria comapagnia degli uomini e delle donne, con una bella condotta, ua serena accettazione di essere cristiani tra i non cristiani, attraverso la μακροτηψμ∫α, la pazienza e la magnanimità verso gli uomini e le donne e le loro culture.[155] ‹Il cristianesimo del paradosso› rintracciato nella *Lettera a Diogneto* si muove quindi su un duplice piano di riferimento:

- Il primo riferimento paradossale riguarda il mondo e la fedeltà alla terra. La vocazione degli uomini e delle donne a seguire Cristo significa vivere il ‹paradosso› che riesce a comprendere la ‹‹Sua Grazia a caro prezzo e attraverso la quale siamo stati riscattati››, e con la Quale e attraverso la Quale si può vivere nel mondo senza perdersi in esso. Come stranieri poiché

  abitano nella propria patria, ma come stranieri residenti, partecipano tutto come cittadini, e tutto sopportano come forestieri, ogni terra straniera è la loro patria e ogni patria è terra straniera

- Il secondo polo di orientamento si riferisce all'uomo e alla donna nella propria personalità concreta. Una visione questa del paradosso cristiano sostenuto nella *Lettera a Diogneto* che chiede all'uomo e alla donna cristiani/e battezzati/e, la logica della rottura e dell'abbandono, esige il fatto ‹paradossale› della conversione come capovolgimento totale di mentalità, e infine, una solitudine, una povertà, anche teorica e teologica del/ della credente.

L'imago vitae descritto nella *Lettera a Diogneto* appare come una risposta, che rinnova i sensi e i significati ed è capace di intessere continuamente ‹giovani legami›: si presenta una radicalità che propone il *Meraviglioso paradosso* come ‹stranierità› perché possa far rinascere un nuovo risveglio di senso, che sappia preservare con cura, quasi con gelosia, le differenze e le peculiarità della Parola cristiana rispetto alle altre[156]

---

155 E. BIANCHI, *Come evangelizzare oggi*, Edizioni Qiqajon, Monastero di Bose, Magnano, 1997, pp. 40 - 41

156 Cf. C.M. MARTINI, *C'è un tempo per tacere e un tempo per parlare*, Edizioni Paoline, Milano 1995, p.10

Il contesto in cui si muove la *Lettera a Diogneto* richiama ciò che espresso nella leggenda del G*rande Inquisitore* dei *Fratelli Karamazov*: dove l'originario messaggio di Gesù, vincitore della tentazione di ridurre tutto alla questione del pane, alla pretesa miracolistica, e alla questione della potenza sembra che non possa essere vissuta (parola del Vecchio Inquisitore) da cristiani e cristiane che intendono stare in mezzo alla gente tanto è vero che il Gesù ritornato sulla terra, e sentito come Dio dal cuore della gente, bacia sulle labbra esangui l'anziano ottantenne che intanto sussurra convinto: ‹‹Vattene, e non venire più...non venire mai, mai...››[157].

O il cristianesimo di Dietrich Bonhoeffer che rivendica per Dio un posto nel mondo divenuto maggiorenne, nonostante tutto attorno a lui manifestava i segni dell'assenza di Dio.

> Dio e la Sua eternità vogliono essere amati con tutto il cuore; non in modo che risulti compromesso o indebolito l'amore terreno, ma in un certo senso come *cantus firmus*, rispetto al quale le altre voci della vita suonano come contrappunto. Dove il *cantus firmus*, è chiaro e distinto ed il contrappunto può dispiegarsi con il suo massimo vigore[158]

Questa è la ‹stranierità› della differenza cristiana attraverso cui è possibile mantenersi cristiani e cristiane nel mondo adulto e senza religione, e continuare a ‹vivere altrimenti› purchè abbracciati al *Meraviglioso Paradosso* che abita la terra ed è fedele a Dio, sulla Croce.

---

[157] F.M. DOSTOEVSKIJ, *I Fratelli Karamazov*, Biblioteca Universale Rizzoli, Milano 1998. p.352

[158] D.BONHOEFFER, *Resistenza e resa. Lettere dal carcere,* Ed. San Paolo, Cinisello Balsamo 1988, p.373

Indice

yes
I want morebooks!

Compra i tuoi libri rapidamente e direttamente da internet, in una delle librerie on-line cresciuta più velocemente nel mondo! Produzione che garantisce la tutela dell'ambiente grazie all'uso della tecnologia di "stampa a domanda".

Compra i tuoi libri on-line su

www.get-morebooks.com

Buy your books fast and straightforward online - at one of the world's fastest growing online book stores! Environmentally sound due to Print-on-Demand technologies.

Buy your books online at

www.get-morebooks.com

OmniScriptum Marketing DEU GmbH
Bahnhofstr. 28
D - 66111 Saarbrücken
Telefax: +49 681 93 81 567-9

info@omniscriptum.com
www.omniscriptum.com

Printed by Books on Demand GmbH, Norderstedt / Germany